U0360718

国际工程教育丛书

顾秉林 钟周 符杰 王孙禺 编著

国际工程教育组织发展战略：趋势与前沿

清华大学出版社

北京

图书在版编目（CIP）数据

国际工程教育组织发展战略：趋势与前沿／顾秉林
等编著. -- 北京：清华大学出版社，2024. 7. --（国
际工程教育丛书）. -- ISBN 978-7-302-66636-3

Ⅰ. D649.1
中国国家版本馆 CIP 数据核字第 2024560VU6 号

责任编辑：马庆洲
封面设计：常雪影
责任校对：薄军霞
责任印制：沈　露

出版发行：清华大学出版社
　　　　　网　　　址：https://www.tup.com.cn，https://www.wqxuetang.com
　　　　　地　　　址：北京清华大学学研大厦 A 座　　邮　编：100084
　　　　　社 总 机：010-83470000　　　　　邮　购：010-62786544
　　　　　投稿与读者服务：010-62776969，c-service@tup.tsinghua.edu.cn
　　　　　质量反馈：010-62772015，zhiliang@tup.tsinghua.edu.cn
印 装 者：河北鹏润印刷有限公司
经　　销：全国新华书店
开　　本：165mm×240mm　　印　张：11　　　字　数：175 千字
版　　次：2024 年 7 月第 1 版　　　　印　次：2024 年 7 月第 1 次印刷
定　　价：69.00 元

产品编号：103108-01

总　序

　　近年来,中国工程院设立工程科技咨询研究课题,开展了"工程教育改革与发展研究""创新型工程科技人才培养研究""建立具有国际实质等效性的中国高等工程教育专业认证制度研究""院校工程教育的工程性与创新性问题研究""工程教育专业认证制度与工程师注册制度衔接问题的研究""国际工程教育合作战略研究""'一带一路'工程科技人才培养及人文交流研究""构建工程能力建设研究"等一系列课题研究。这些研究具有重要的理论意义和现实意义,是加快我国创新型国家建设的迫切需要,是推动工程师培养制度改革的需要,是促进工程科技人才培养与人文交流的需要。这些课题的研究有利于提出相关政策建议,对于深化工程科技人才培养、鼓励和引导工程科技人才成长具有重要的战略意义。

　　特别要强调的是,在中国工程院和清华大学共同申请和推动下,2015年11月经联合国教科文组织(UNESCO)第38次大会批准,2016年6月联合国教科文组织国际工程教育中心(ICEE)在北京正式签约成立。该工程教育中心以联合国教科文组织"可持续发展"的宗旨和原则为指导,以推动建设平等、包容、发展、共赢的全球工程教育共同体为长期愿景,围绕全球工程教育质量提升与促进教育公平的核心使命,致力于建设智库型的研究咨询中心、高水平的人才培养基地和国际化的交流合作平台。

　　目前,国际工程教育中心研究人员牵头承担或作为核心成员参与联合国教科文组织、中国工程院、国家自然科学基金委、国家教育部委托的重大咨询研究项目,在提升中心的国际影响力、政策影响力和学术影响力等方面发挥越来越大的作用。

为了更好地反映国际工程教育发展的过程和趋势，反映工程教育中心的研究成果，拟将近年来完成的报告、论文等汇集出版。

这些资料真实地记录了近些年来我国工程教育研究的发展进程。这些成果作为工程教育的研究方法和政策过程是有一定的回顾意义和现实意义的，反映了我国工程教育发展进程中的历史价值，以供后来者对工程教育研究历史进行梳理和追溯。

世界处于百年未有之大变局中，工程科技突飞猛进既是百年变局的一项基本内容，也是百年变局的基本推动力量。全球科技创新进入空前密集活跃的时期，这对于工程领域人才培养和人文交流模式变革，对于提高国家竞争力都提出了非常迫切和现实的要求。可以说，这就是我们编写和出版此书的意义所在。

培养造就大批德才兼备的卓越工程师，是国家和民族长远发展大计。工程教育和工程师培养是国家人才战略的重要组成部分，人才培养为推进新型工业化、推进中国式现代化提供了基础性战略性支撑。当前，广大工程教育工作者和广大工程师以与时俱进的精神、革故鼎新的勇气、坚韧不拔的定力、不断突破关键核心技术，铸造精品工程、"大国重器"。

工程教育界的同仁们牢记初心使命、胸怀"国之大者"，矢志爱国奋斗、锐意开拓创新，不断提升国家自主创新能力，更好满足人民日益增长的美好生活需要，为加快实现高水平科技自立自强、建设世界科技强国作出突出贡献。

2024 年 1 月于北京

［吴启迪，教授，联合国教科文组织国际工程教育中心（ICEE）副理事长兼中心主任，清华大学工程教育中心主任，曾任教育部副部长、同济大学校长等职。］

目　　录

第一章　研究背景与研究设计 / 1

一、研究背景 / 1

二、研究目标 / 2

三、核心概念 / 3

四、研究方法 / 4

五、主要研究内容 / 5

第二章　国际工程教育发展的趋势与挑战 / 6

一、工程在世界可持续发展中扮演日益重要的角色 / 6

二、全球价值链分工体系下制造业竞争加剧 / 6

三、区域工程能力建设不平衡的趋势正在扩大 / 8

四、全球劳动力市场结构正在加快调整 / 8

五、工业就业人口的区域分布正发生重要变化 / 9

六、世界高等教育发展迈入快车道 / 10

七、高等教育的区域发展呈现出不同特点 / 10

八、不同收入国家的教育支出严重不均衡 / 12

九、高等工程教育规模上的优势有削弱的倾向 / 12

十、工程教育国际合作面临高度不确定性 / 13

第三章　主要国家工程教育发展趋势的指标分析 / 15

一、主要指标及数据说明 / 15

二、发达国家在各指标上的表现 / 19

三、发展中国家在各指标上的表现 / 22

四、主要国家各指标的综合表现 / 26

五、主要国家组合指标的分析 / 27

六、主要指标历时分析 / 30

第四章　典型工程师学会和国际工程组织研究 / 37

一、典型工程师学会和国际工程组织的发展战略 / 37

二、典型工程师学会和国际工程组织的运行模式 / 43

三、典型工程师学会和国际工程组织的标准体系 / 63

四、国际工程教育组织合作网络分析 / 83

第五章　国际工程教育研究合作网络分析 / 86

一、合作网络分析方法 / 86

二、国际工程教育研究概述 / 88

三、国家和地区合作网络分析 / 91

四、工程教育研究机构合作网络 / 97

五、作者合作网络分析 / 104

第六章　国际工程教育研究前沿与实践前沿 / 113

一、国际工程教育研究前沿主题分析方法 / 113

二、国际工程教育研究前沿 / 116

三、国际工程教育实践前沿 / 129

第七章　主要结论及政策建议 / 135

一、国际工程教育发展趋势 / 135

二、国际工程教育研究前沿 / 137

三、国际工程教育实践前沿 / 138

四、国际工程教育研究合作 / 139

五、国际工程组织参与 / 140

六、国际工程教育战略合作的政策建议 / 141

附录 ／ 144

　　附录 1　全球工程教育发展主要指标 ／ 144

　　附录 2　WFEO 组织会员名单 ／ 150

　　附录 3　FIDIC 组织会员名单 ／ 155

　　附录 4　FEIAP 组织会员名单 ／ 161

后记 ／ 163

V

第一章 研究背景与研究设计

党的十九大报告指出,中国社会主要矛盾已经转化为人民日益增长的美好生活需要和不平衡不充分的发展之间的矛盾,社会主要矛盾的改变体现了中国特色社会主义新时代的特征,必然深刻影响中国工业现代化进程发展。如何为解决发展不平衡不充分的问题提供工程科技人力支撑,将是国际工程教育战略合作的重大挑战。同时,党的十九大报告提出,从2035年到21世纪中叶,中国将建成富强民主文明和谐美丽的社会主义现代化强国,工程科技人才是实现这一目标的关键,从现在起到2035年,也是中国建设工程教育强国的战略机遇期。

本章通过介绍研究背景,明确研究目标,即全面深入了解国际工程教育发展的趋势及战略合作的前沿问题,进而探讨国际工程教育中心学术网络的拓展,并为中国工程教育2035发展战略提供若干政策建议。为了实现上述研究目标,本章还对国际工程教育合作、趋势与前沿等核心概念的内涵和外延进行了界定。本研究主要采用了国际比较法、组织分析法、文献计量法、访谈调查法等方法。

一、研究背景

2016年6月6日,由中国工程院和清华大学联合申请设立的UNESCO国际工程教育中心在北京签约揭牌,该中心是UNESCO明确以工程教育为活动主题的二类中心,标志着中国的工程教育正在深度融入国际工程教育共同体,将对推动国际工程教育合作,提升中国工程教育的国际话语权和影响力发挥极为重要的作用。

2017 年 5 月 22 日,国际工程教育中心第一届理事会和顾问委员会成立。理事会和顾问委员会成员包括美国工程院、英国工程院、日本工程院的(前)现任主席,世界工程组织联合会(WFEO)主席、副主席,国际工程教育学会联盟(IFEES)、欧洲工程教育学会(SEFI)、非洲工程教育学会(AEEA)、麻省理工学院(MIT)等国际专家以及中国著名企业负责人、高水平大学校长等机构的专家,极大拓展了中心的学术网络,为将中心建设成为国际工程教育网络中最活跃的节点奠定了坚实的基础。

为了进一步拓展国际工程教育中心的学术网络,加深组织间深度合作,需要了解典型国家和经济体工程教育的最新发展趋势以及学术关注点,寻找与国际工程教育中心使命、愿景相符合,具有合作前景的潜在伙伴。本研究是在中国工程教育改革和国际工程教育合作的双重背景下,对 2014 年中国工程院咨询课题《国际工程教育合作战略研究》(之一)、2015 年《国际工程教育合作战略研究(之二):未来工程科技人才培养研究》、2017 年《国际工程教育合作战略研究(之三):"一带一路"背景下的国际工程教育中心建设若干问题研究》的延续和深化。

本研究的重点在于深入了解中国外工程教育改革与发展的新趋势、国际工程教育合作新动态,探讨国际工程教育学术网络的拓展,并为国际工程教育战略合作提供咨询建议。

二、研究目标

本研究的总体目标是:通过对发达国家和新兴经济体工程教育发展与合作的趋势进行分析,明确国际工程教育合作的重点领域;通过分析国际工程教育合作网络的基本特征,识别开展国际合作的潜在伙伴,明确合作机制;为中国工程教育 2035 发展战略提供政策建议。

发达国家工程教育国际合作趋势研究。跟踪研究美国、德国、日本、英国、法国等发达国家工程教育组织、工程师学会,特别是对那些具有领导地位的组织的活动与事件进行分析,进一步了解其在工程教育变革和国际合作中所发挥的作用。本部分的子目标是了解主要工业国家和国际组织开展工程教育国际合作的特色和趋势。新兴经济体国家工程教育国际合作趋势研究。跟踪研究印度、巴西、俄罗斯、南非等新兴经济体国家工程师组织和工程教育学会的发展状况,分析其在工业与工程教育发展中所发挥的作用和存在的问题。本部分的子目标是了解新兴经济体国家的工程教育国家合作的现状、特色与趋势。

国际工程教育合作重点领域研究。面向联合国 17 项可持续发展目标,探索全球产业升级和新技术革命背景下,国际工程教育中心进行双边、多边合作的重要领域与合作机制。本部分的子目标是:结合联合国可持续发展目标对工程科技的需求,围绕 UNESCO 优先领域,为国际工程教育重点合作领域提出建议。

国际工程教育合作网络分析。国际工程教育组织的治理越来越呈现出扁平化、网络化趋势,本部分主要采用组织分析(OA)、社会网络分析(SNA)方法,在前期研究的基础上,探索当前工程教育国际合作的网络特征与结构,对典型组织进行社会网络分析,对其会员组织的关联性和活跃性进行评价。本部分的子目标是:从整体上把握国际工程教育合作的宏观网络结构,对其中心性节点的运行模式有深入的了解。

国际工程教育组织合作机制研究。采用案例分析、实地调查、国际组织负责人访谈等方法和途径,对典型国际工程教育组织合作规则、合作形式、合作内容等进行研究。本部分的主要目标是与典型国际组织建立稳定的、常态的、有效的协作机制,为巩固和扩大现有国际合作渠道提供政策建议。

国际工程教育战略合作的政策建议。从工程教育实践与研究两个方面对国际工程教育合作战略发展的趋势与前沿做了总结,凝练了主要结论,并结合中国实际,从人才流动、组织、研究、高校合作的角度提出了促进中国工程教育国际战略合作的若干政策建议。

三、核心概念

(一) 国际工程教育

国际工程教育不仅指各国工程和工程教育改革与发展,还包括各国在工程教育方面开展的交流与合作机制。工程教育具有强烈的国际竞争性,即工业产品和工程性服务能够超越国家、社会制度和文化传统的界限,在全世界流通。随着全球化进程的深入,当前各国工程教育和工程实践活动之间的联系更加紧密,工程教育的国际交流与合作尤为重要。

（二）合作战略

合作是个体或群体之间为达到共同的目的，在统一的认识和规范条件下确立协同关系的一种联合行动。在本研究中，国际工程教育合作的内涵有多个关系维度：一是指在工程教育的改革和发展中，政府、产业和大学或其他研究机构建立起来的协同关系；二是指工程教育面向世界与其他国家或国际组织建立起来的协作关系；三是指基于推进工程教育研究而在世界范围内形成的国际学术网络。合作伙伴主要有三类：产业伙伴、学术伙伴、国际伙伴。合作内容则体现在教育培训、合作研究、关系拓展等方面。

（三）趋势与前沿

趋势是事物发展的方向，前沿是指科学研究中最新或领先的领域。趋势是带有时间维度的具有方向性和战略性的变化，前沿则是当前时间截面上的研究热点和关注点。在本研究中，以时间线和时间点来区分趋势和前沿。

四、研究方法

本研究从采用国内和国际合作、教育和产业合作的视角，采用国际比较、组织分析、战略分析、案例分析、实地调查以及深度访谈等综合性研究方法，对国际工程教育合作战略的历史路径、发展趋势及前沿等问题进行研究分析。

通过国际比较方法，跟踪研究发达工业国家以及新兴经济体国家和国际组织，进行工程教育国际合作主要趋势跟踪研究；从历史和国际比较的视角，梳理国际工程教育的发展历史、现状和未来发展机遇，进行工程教育国际合作需求研究，确定国际工程教育中心的发展定位。

以国内和国际合作、教育和产业合作的双重视角，认识工程教育国际合作存在的若干重大挑战，并提出若干方向性的战略咨询建议。

采用组织分析、战略分析和实地调查的方法，进一步调查研究典型的国际工程教育合作组织的治理模式，并对其基本特点进行归纳，深入分析典型国际工程教育组织的合作机制，全面总结国际工程教育合作网络的基本特征，总结提炼出若干种有效治理模式，为国际工程教育中心完善本组织的治理结构提供参考。

采用文献计量和社会网络分析方法，从国家、机构、作者、关键词四个方面对国际工程教育研究合作网络与研究主题进行系统分析,试图呈现 2000 年以来工程教育研究开展的状况,识别国际工程教育研究领域的核心国家、核心机构、核心作者、前沿主题。本研究还关注中国机构和作者在国际合作网络中的表现情况,以期为中国工程教育研究的发展和提高国际影响力提供参考意见。本研究采用的研究工具包括 VOSviewer、UCINET、SPSS、NoteExpress 等。

五、主要研究内容

本研究主要包含以下内容:全球工程教育发展趋势与挑战、主要国家工程教育发展趋势指标分析、典型工程(教育)组织网络分析、国际工程教育研究合作网络分析、国际工程教育研究前沿分析和国际工程教育实践前沿分析。其中,趋势分析重点聚焦在宏观发展层面的时间变化,以及主要指标的国别比较;组织分析侧重国际组织层面的会员网络;国际工程教育研究合作网络侧重国家合作网络、机构合作网络和作者合作网络;研究前沿采用文献计量遴选研究热点;实践前沿通过国际会议主题分析来描述。最后,在以上研究基础上,提出若干政策建议(见图 1-1)。

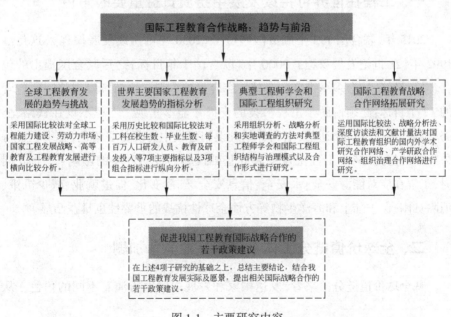

图 1-1　主要研究内容

第二章　国际工程教育发展的趋势与挑战

本章从宏观发展和国际比较的角度,对工程科技发展、工业劳动力市场、高等教育、高等工程教育发展的主要趋势和面临的挑战等进行扼要描述和分析。

一、工程在世界可持续发展中扮演日益重要的角色

2015 年,联合国 193 个成员国通过了《2030 年可持续发展议程》,这是继1992 年《21 世纪发展议程》、2000 年《联合国千年目标》之后联合国提出的包含环境、经济、社会多个维度的全球性综合发展框架。可持续发展议程所包含的 17 个目标,必须借助于工程科技的支撑才能够实现。工程不仅在铁路、公路、桥梁、港口、机场、通信、水利等基础设施建设中扮演重要角色,必须通过持久不断的努力,减少工程快速发展的基础设施建设对环境的影响[①]。与此同时,工程在应对能源安全、水安全、信息安全、气候变化、促进就业、减少饥饿、消除贫困、保护陆上和海洋生物等方面全球性挑战的重要性也日益凸显。

二、全球价值链分工体系下制造业竞争加剧

从全球价值链分工来看,发达国家和发展中国家扮演着不同的角色。从

---

① Laurance, William F., Anna Peletier-Jellema, Bart Geenen, Harko Koster, Pita Verweij, Pitou Van Dijck, Thomas E. Lovejoy, Judith Schleicher, and Marijke Van Kuijk. 2015. Reducing the global environmental impacts of rapid infrastructure expansion. Current Biology 25 (7): R259-R262.

低参与国家到提供有限初级产品,从提供大量初级产品到初级制造业、先进制造业和开展创新活动,反映了处于不同发展阶段的国家,其发展动力从要素驱动到创新驱动的差别。

根据世界银行的《2020 年世界发展报告》的测算,中国已经在全球价值链上扮演先进制造业和服务业提供者的角色。与中国邻近的一些东南亚国家,也扮演着初级制造业提供者的角色。

历次工业革命,制造业发展是先声,也是国家竞争的核心。从制造业增加值①的数据来看,进入 21 世纪以来,世界制造业的重心发生了历史性转移。主要特征体现为中美两个喇叭口,即美国的制造业增加值总额,从大向小收缩,中国的制造业增加值总额,从小到大扩张,而欧盟的制造业规模保持相对稳定(见图 2-1)。

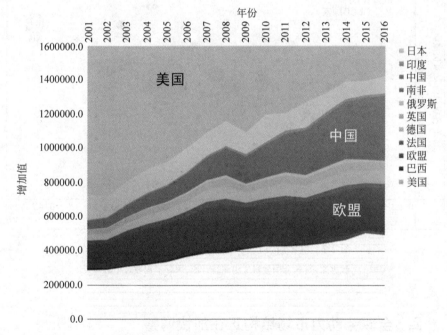

图 2-1　主要国家和地区制造业增加值的变化

数据来源:世界银行、国际工程教育中心

---

① 制造业指的是属于国际标准产业分类(ISIC)中第 15~37 类的产业。增加值是一个部门在总计各项产值并减去中间投入之后的净产值。这种计算方法未扣除固定资产的折旧或自然资源的损耗。增加值的来源根据《国际标准行业分类》第 3 修订版确定。数据按现价美元计。

三、区域工程能力建设不平衡的趋势正在扩大

研发投入和研发人员是能力建设重要的财力资源和人力资源基础。联合国教科文组织统计所(UIS)的数据显示,非洲国家与欧洲、北美和亚太地区的部分国家在千名雇员中研发人员数量上存在着巨大的差距。这一差距在近10年来不仅没有缩小,反而有扩大的迹象。绝大多数非洲国家的研发投入总量很小、研发强度低于1%,每千名雇员拥有研发人员数量等指标,与欧美和亚洲一些国家相比,都存在着巨大差距(见图2-2)。

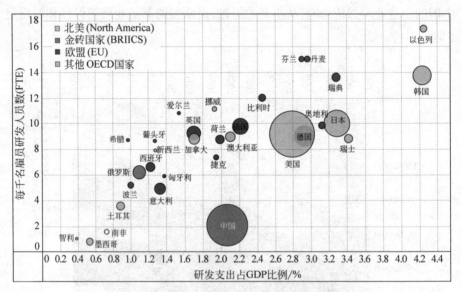

图 2-2　世界研发投入与每千名雇员研发人员数量

数据来源:联合国教科文组织统计所,国际工程教育中心

四、全球劳动力市场结构正在加快调整

随着世界范围的产业结构调整,全球劳动力市场的结构正在发生变化。国际劳工组织的数据显示,世界农业劳动力的规模正在快速下降,工业和服务业的劳动力规模正在快速上升(见图2-3)。总体上,工业就业人口仍然低于农业和服务业就业人口,工业就业人口的增长率也低于服务业就业人口的增长率。但是随着世界制造业的发展和分工的调整,工业就业人员的需求空间巨大。

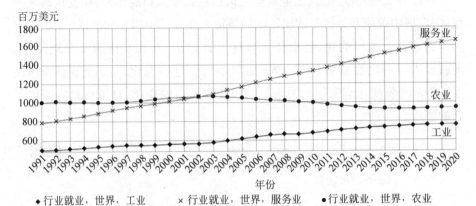

图 2-3　1991—2020 年全球劳动力产业结构

数据来源:国际劳工组织、世界银行

五、工业就业人口的区域分布正发生重要变化

从区域结构上看,由于工程技术对于发展中国家的经济社会发挥着更加重要的作用,亚洲和非洲地区的工业从业人员正在快速增长。根据国际劳工组织的估计,2018 年亚太地区工业从业人员数量超过 4.4 亿,非洲地区超过 6500 万(见图 2-4)。随着产业结构升级转型,这些工业行业从业人员的技能维持与更新将对各国工程教育和继续教育的能力提出新的挑战。

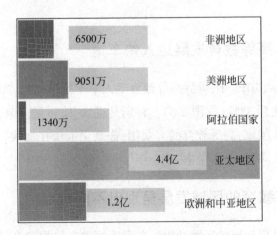

图 2-4　2018 年全球工业劳动力区域结构

数据来源:国家劳工组织,国际工程教育中心

　　从经济发展角度来看,工业就业人口占总就业人口的比例,在发达国家和地区、发展中国家和地区呈现出不同的特征。在发展中国家和地区,工业就业人口占总就业人口的比例,总体上呈现上升趋势;而在发达国家和地区,工业就业人口占比普遍呈下降趋势(见图2-5)。这一变化,与工业在整个国民经济中的地位变化有密切的关系。工业就业人口的变化,对工程教育提出了新的要求。

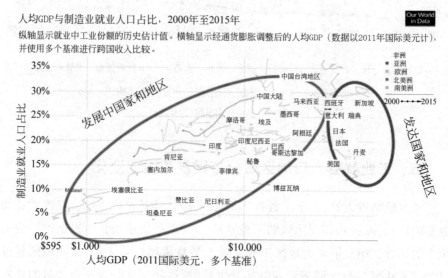

图2-5　2000—2015年各国或地区制造业就业人口比例与人均GDP变化

数据来源：Our World in Data

六、世界高等教育发展迈入快车道

　　从1970年到2015年,世界高等教育毛入学率持续增长,2015年全球高等教育毛入学率达到38%(见图2-6)。特别是进入21世纪以来,在高收入国家和部分中等收入国家,高等教育的大众化、普及化进程在加快。其中中国的高等教育发展令人瞩目,毛入学率2019年年底已经达到50%。

七、高等教育的区域发展呈现出不同特点

　　世界高等教育规模的区域结构正在发生调整。根据联合国教科文组织的数据,2000—2015年欧洲和北美地区的高等教育增长较为平缓,而亚洲高等教

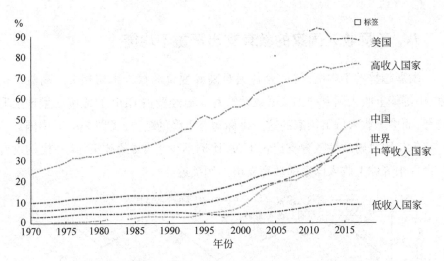

图 2-6　1970—2015 年世界高等教育毛入学率增长趋势

数据来源:联合国教科文组织统计所,世界银行

育近 15 年的发展最令人瞩目(见图 2-7)。而中国和印度两个人口大国,21 世纪以来大力发展高等教育,成为亚洲高等教育的总规模快速增长的最主要原因。

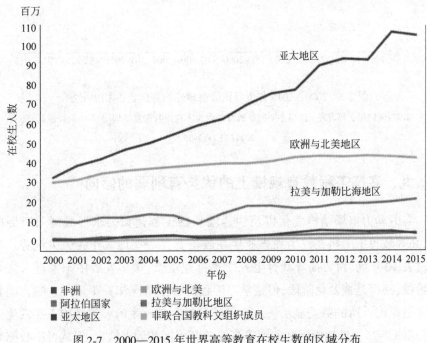

图 2-7　2000—2015 年世界高等教育在校生数的区域分布

来源:联合国教科文组织统计所,国际工程教育中心

11

八、不同收入国家的教育支出严重不均衡

发展趋势的不均衡，与世界各国对高等教育的投入密切相关。高收入国家、中等偏上收入国家的国家财政性教育支出经费占 GDP 的比例均呈现上升趋势，而中等收入偏下国家的这一指标却有下降的趋势（见图 2-8）。中国近年一直保持国家财政性教育支出占 GDP 比例不少于 4% 的政策，这一比例已经与世界中等偏上收入国家的教育支出比例接近。

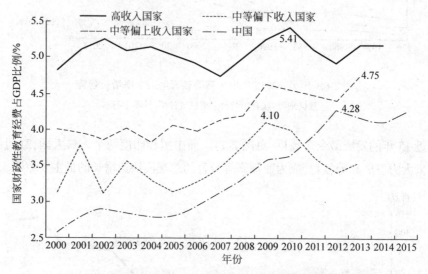

图 2-8　2000—2015 年世界国家财政性教育经费占 GDP 比例

来源：陈纯槿，郅庭瑾. 世界主要国家教育经费投入规模与配置结构[J]. 中国高教研究，

2017(11)：77-85.

九、高等工程教育规模上的优势有削弱的倾向

与劳动力市场结构变化以及快速增长的工程建设需求形成鲜明对照的是，高等教育中工科在校生和毕业生在数量上在一些地区正在失去优势。虽然过去 10 年间，世界高等教育毛入学率迅速增长，很多发展中国家进入大众化阶段，甚至是普及化阶段，但是学习工程的学生情况却并不乐观。联合国教科文组织统计所的数据显示，近 15 年高等教育在校生的科类结构正在发生变化（见图 2-9）。虽然中国和印度等高等教育大国的数据缺失，但从可得数据来看，除了中国、印度等国之外，工科在校生数的排序正在下降。2015 年学习社

会科学、新闻与信息专业的学生数已经超过工程专业排在第二位。中国教育部 2019 年的数据显示,我国高等工科在校生占比约为 33% ,如果能够全面提升教育质量,成为工程教育强国,工科将为中国未来发展提供最重要的人力资源。

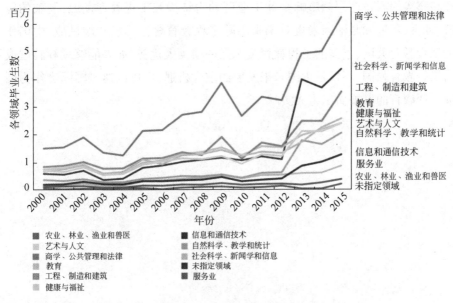

图 2-9　2000—2015 年世界高等教育科类结构变化趋势

来源：联合国教科文组织统计所,国际工程教育中心

工科毕业生人数呈现出与上图相近的趋势。高等教育中工科在校生规模的减少,导致部分国家高质量和可用的工科毕业生缺乏,无法满足日益增长的劳动力市场需求。一些非洲国家工科院校的教学、科研基础设施和师资力量严重匮乏,对以工程支撑当地可持续发展形成巨大挑战。

十、工程教育国际合作面临高度不确定性

在全球性公共卫生危机、大国科技竞争常态化与中国扩大对外开放的多重背景下,我国与发达国家特别是美国的工程科技、工程教育合作正在经历 40 年以来最大的变化。西方发达国家在高科技领域与中国"脱钩"的进程正在加快,打压中国高科技企业的手段不断升级,限制理工科特别是关键核心领域学生留学和学者交流的政策日益收紧,国际工程界的既有合作机制面临空前严峻的挑战,未来工程教育领域的国际合作充满高度不确定性,中国参与国际工

程教育治理的机会与风险同时在增加,如何在百年未有之大变局中转危为机、前瞻布局,将成为未来较长时期内必须以智慧和行动回答的问题。

总之,不仅世界新一轮科技革命、产业变革、全球价值链重塑、制造业竞争和转移等因素正在深刻影响全球工业劳动力结构和工程教育发展,复杂的经济、社会、环境和政治因素也对未来国际工程教育合作形成严峻挑战,中国作为工程教育大国,丰富的工程教育资源是一项巨大优势,如果能够顺利转型成为工程教育强国,不仅是中国未来发展的重大机遇,也可以通过国际合作为国际工程教育的发展做出重大贡献。

第三章　主要国家工程教育发展趋势的指标分析

本章采用历史比较和国际比较法,对世界主要国家工程教育发展的具体趋势进行了横向和纵向的多维度多层次比较分析,包括五个发达国家美国、英国、日本、德国、法国,以及五个新兴经济体中国、南非、俄罗斯、印度、巴西。分析的主要指标包括工科在校生数、毕业生数、每百万人口研发人员、教育及研发投入、制造业增加值等 7 项主要指标以及高等教育在校生数与毛入学率、工科在校生数与总人口、研发投入与 GDP 总量等 3 项组合指标。

一、主要指标及数据说明

(一) 主要指标

为把握国际工程教育趋势,本部分重点对主要国家工程教育发展的基本状态数据进行初步分析。工程教育是一个复杂系统,不仅受到工程科技发展的影响,也与经济社会发展具有密切的关系。为了更清晰地刻画出工程教育发展状况,需要确定分析的关键指标。根据课题组的前期研究,认为以下方面对于工程教育发展至关重要。

高等教育发展状况。高等教育大发展是"二战"以来世界教育的重要成就之一,也是一个国家人力资源储备的重要标志。发达国家和新兴经济体,都将教育优先作为国家战略,加大教育支出。随着社会需求的增长和高等教育支出的加大,发达国家先后从高等教育大众化阶段进入到普及化阶段,世界高等教育的竞争将日益加剧。考虑数据可比性和可得性,本部分主要选取高等教育总规模和高等教育毛入学率两个关键指标考察上述国家高等教育发展的状况。

高等工程教育发展状况。工程教育是未来工程科技人力资源开发的基石,没有高水平的工程教育,就没有高水平的工程师。虽然发达国家和新兴国家的高等工程教育处于不同的发展阶段,但是都将高等工程教育作为提高国家人力资源质量的重要组成部分。从宏观上考察高等工程教育发展状况,可以从高等工程教育规模以及其在整个高等教育中的地位来考虑。本部分主要选取高等工程教育在校生数及其占高等教育在校生数的比例,高等工程教育毕业生数及其占高等教育毕业生数的比例作为主要观察指标。同时,为了考察女生学习工科的情况,课题组也兼顾了部分与性别有关的指标。

教育支出状况。教育是高消耗的行业,教育支出是教育发展的根本物质基础。教育支出与国家经济实力、教育财政政策和教育吸纳市场资源的能力密切相关。考虑到世界各国教育财政政策和市场化机制差别很大,本部分主要考察教育支出的总量及其占 GDP 的比例。

国家研发投入状况。研发投入是国家创新的基本物质保障。发达国家的发展进程表明,确保研发投入的长期稳定,是建设科技强国的必要条件。政府和企业如果没有充足的研发经费投入,科技创新无从谈起。因为研发投入与国家经济实力密切相关,本部分不仅要考虑投入的总规模,也要考虑研发投入在国家 GDP 中所占的比例即研发强度。

国家研发人员状况。随着高等教育特别是高等工程教育的发展,发达国家和新兴国家的劳动力人口素质在不断提升。拥有一定数量的高质量研发人员,日益成为人力资源强国的重要标志。但是由于各国人口规模差异很大,仅仅考虑研发人员总数还不足以显示一个国家的人力资源质量,本部分同时选取了百万人口中研发人员数量这一指标,对各国的研发人力资源状况进行比较。

高技术制造业增加值。历次工业革命发展历史表明,制造业在工业强国发展中居于核心地位。新一轮工业革命将是以智能制造关键技术为核心的竞争。2008 年世界金融危机后,美国等发达国家越来越重视先进制造业在国家竞争中的不可替代的地位。制造业也是中美贸易战的主战场,在未来很长一段时间,制造业将是大国竞争的关键领域。高技术制造业对国民经济的贡献,也是发达国家和新兴国家关注的焦点。本部分重点考察各国高技术制造业增加值总规模及其在 GDP 中所占的份额。

总体上看,以上指标涉及工程教育发展的人力资源状况,包括高等教育总规模与毛入学率,高等工程教育在校生数及所占比例,高等工程教育毕业生数及所占比例,研发人员总量与百万人口中研发人员数量;也包括教育发展和科技创新的基本物质条件,教育支出与研发投入。同时,本研究也着重考察制造业增加值对 GDP 的贡献。上述指标不仅将工程教育与科技创新联系起来,也将工业发展(特别是制造业发展)与经济发展联系起来。

本部分对以上关键指标进行分析有三个目的。第一,对每个国家从以上指标进行多维度分析,可客观描述各自的"优势"与"短板"。第二,组合指标分析。各指标之间有关联性,单一的绝对值指标或相对值指标只能代表某一角度,将指标绝对值与相对值结合,将不同指标相结合,更能反映指标之间的关系。第三,对一些指标进行时间序列分析,可刻画不同国家在各个指标上的历时性表现和发展趋势。

需要说明的是,本部分并未进行综合排名。排名结果往往由指标选取的主观性和权重的主观性所决定,并不取决于指标表现。因此本研究采用多维分析的方法,对主要国家工程教育的发展态势进行讨论。

(二) 数据来源

本研究的主要数据来源为世界银行、联合国教科文组织、经合组织、美国工程与科技指标 2018 等权威机构和权威报告,具体已在数据分析中注明。除特殊说明外,相关图表由课题组绘制。

(三) 数据处理

为了实现数据可比,对数据进行标准化处理。为了数据更新时间与各维度指标数据的完整性,选取 2016 年时间截面的高等教育工科在校生数、高等教育工科毕业生数、高等教育工科毕业生女性占比、每百万人口研发人员、教育支出、研发投入、制造业增加值等 7 项指标。由于各个维度之间数值差异较大且单位不同,无法进行同一水平的比较,故对原始数据进行无量纲化处理。

主要采用极差标准化处理。首先整理出 2016 年 9 个国家的 7 项指标的数据,其次利用 Excel 公式对整理的数据进行处理,即对 9 个国家每项指标均进行极差标准化处理。公式如下:

$$X' = \frac{X - X_{\min}}{X_{\max} - X_{\min}}$$

X'指极差标准化处理的数据;

$X_{\min}$指 2016 年每个维度 9 个国家中数据最小值;

$X_{\max}$指 2016 年每个维度 9 个国家中数据最大值。

经过极差标准化处理的数据均在[0,1]之间,如表 3-1 所示。

表 3-1　各指标数据极差标准化处理的结果

国家	工科在校生数	工科毕业生数	高等教育工科毕业生女性占比	每百万居民研发人员数	研发投入	政府教育支出	制造业增加值
巴西	0.27	0.12	1.00	0.13	0.07	0.11	0.02
法国	0.06	0.10	0.58	0.82	0.11	0.14	0.05
德国	0.12	0.11	0.31	0.94	0.22	0.18	0.04
印度	1.00	1.00	0.80	0.00	0.09	0.06	0.10
日本	0.11	—	0.00	1.00	0.33	0.16	0.44
俄罗斯	0.39	0.40	—	0.55	0.07	0.04	0.00
南非	0.00	0.00	0.83	0.05	0.00	0.00	0.14
英国	0.03	0.05	0.45	0.84	0.08	0.17	0.04
美国	0.29	0.26	0.31	0.82	1.00	1.00	1.00

来源:国际工程教育中心根据联合国教科文组织、世界银行原始数据计算

注:—表示原始数据缺失;2016 年数据中,少部分国家部分指标缺失,若整体趋势变化不大,则采取相邻年份数据补充。数据进行收集过程中发现,中国数据由于统计口径不同许多数据存在缺失,以上是对美国、英国、法国等九个国家的原始数据进行处理的结果

为便于进行多维可视化,对处理后的数据 X' 再次进行五分制变换。以每个维度的数据最大值为 5;每一列数据进行五分制变换。即

$$X'' = 5 \times \frac{X'}{X'_{\max}}$$

X''指五分制处理后的数据;

X'指每个维度标准化处理后的数据;

$X'_{\max}$指每个维度(每一列)数据的最大值。

各指标数据五分制处理后的结果详见表 3-2。

表 3-2　各指标数据五分制处理后的结果

国家	工科在校生数	工科毕业生数	高等教育工科毕业生女性占比	每百万居民研发人员数	研发投入	政府教育支出	制造业增加值
巴西	1.37	0.62	5.00	0.67	0.34	0.57	0.08
法国	0.28	0.50	2.88	4.10	0.56	0.70	0.25
德国	0.61	0.54	1.57	4.68	1.11	0.88	0.21
印度	5.00	5.00	3.98	0.00	0.43	0.32	0.48
日本	0.54	—	0.00	5.00	1.65	0.82	2.21
俄罗斯	1.95	2.00	—	2.77	0.34	0.21	0.00
南非	0.00	0.00	4.14	0.26	0.00	0.00	0.70
英国	0.15	0.26	2.26	4.22	0.41	0.87	0.21
美国	1.45	1.30	1.56	4.10	5.00	5.00	5.00

来源:国际工程教育中心根据联合国教科文组织、世界银行原始数据计算

注:以上数据主要反映各国在不同维度上指标的标准化值。选取 2016 年的数据绘制雷达图。其中,日本工科毕业生数、俄罗斯高等教育工科毕业生女性占比数据缺失,表现在雷达图中为 0

二、发达国家在各指标上的表现

(一)美国指标表现

图 3-1 显示,美国在 7 项指标上的表现并不均衡。其中制造业增加值、政府教育支出、研发投入、每百万居民研发人口数指标表现最好,尤其是教育支出、研发投入在所选国家中居于最高位次。这与美国 GDP 的总规模以及对教育和研发的重视密切相关。

美国工科毕业生数、工科在校生数、高等教育工科毕业生女性占比三项指标,相较于其他指标位次偏低。2016 年,美国高等教育工科在校生数量比上一年减少约 12884 人,这一现象近几年一直存在。与财力资源投入相比,美国工程教育的人力资源后备力量在数量上面临一定挑战。美国是移民国家,吸引世界各国科技人员的移民仍然可以长期使其保持领先地位,但是随着美国国内政策趋于保守和排外,工程职业环境的不确定性正在增加,一些发展中国家例如中国在美留学人员回流。美国女性学习工科的比例较低,工程教育中的性别平等问题或将长期存在,影响工程职业中女性的参与。

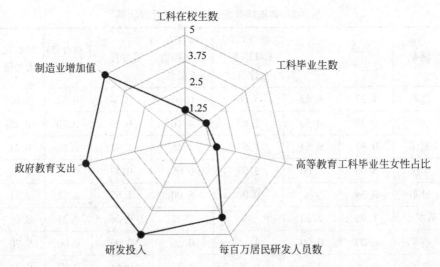

图 3-1　美国在工程教育相关指标上的表现

来源：联合国教科文组织统计所、OECD、世界银行、国际工程教育中心

（二）英国指标表现

图 3-2 显示，英国在工程教育相关指标上的表现同样不均衡，各指标位次相差较大。其中，每百万居民研发人数位次最高，高等教育工科毕业生女性占

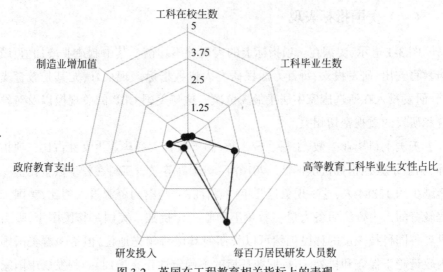

图 3-2　英国在工程教育相关指标上的表现

来源：联合国教科文组织统计所、OECD. Stat、世界银行数据库

制图：国际工程教育中心

比次之。与其他国家相比,英国研发人力资源质量具有优势;女性学习工科比例较高;政府教育支出排序排第三位,但排序低于1。从整体上分析,英国在工程教育与科技发展中,研发人力资源优势明显。但工程教育规模与财力支持绝对值方面还有待提高,这与英国人口基数、经济总量等密切相关。

(三) 日本指标表现

图 3-3 显示,日本每百万居民研发人员数排名第一。制造业增加值、研发投入排序第二、第三位。政府教育支出排名第四位。虽然制造业增加值、研发投入、政府教育支出排序不高,但要高于工程教育人力资源排序。工科毕业生女性占比中,由于日本工科毕业生数据缺失,在图 3-3 中表现为 0。

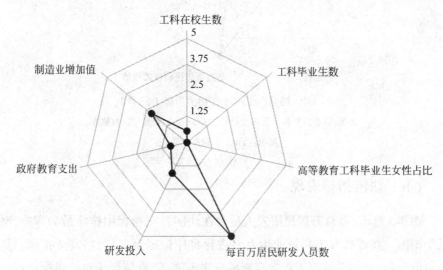

图 3-3　日本在工程教育相关指标上的表现

来源:联合国教科文组织统计所、OECD. Stat、世界银行数据库

制图:国际工程教育中心

(四) 德国指标表现

图 3-4 显示,德国 7 项指标中每百万居民研发人员数的排序相对靠前,高等教育工科毕业生女性占比也较高,但在选取的发达国家中,德国的这一指标并未占据优势。政府教育支出、研发投入总量在选取国家中并未有明显优势,这与国家 GDP 总量有关。制造业增加值与工程毕业生数、在校生数排序低,从规模总量上分析,3 个指标在已有数据国家中优势并不明显。总体分析,德

国研发人力资源表现突出,但要实现工程教育人力资源可持续发展需要财政支持,并在此基础上进行人力资源输出与价值再创造,为保持制造业竞争力提供智力支持。

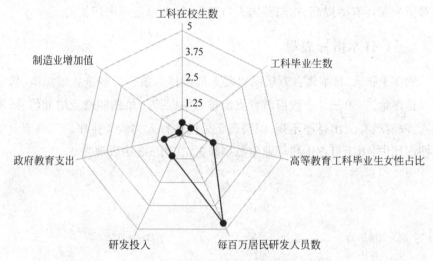

图 3-4　德国在工程教育相关指标上的表现

来源:联合国教科文组织统计所、OECD. Stat、世界银行数据库

制图:国际工程教育中心

（五）法国指标表现

图 3-5 显示,每百万居民研发人员数在法国各项指标中排序最为靠前,略低于德国。高等教育工科毕业生女性占比排序位居第二位,略高于德国。从绝对值分析,财力支持与工程教育规模排序不高,需要结合相对值指标做进一步分析。法国制造业增加值表现及其他指标表现与美国、德国还有一定差距。

三、发展中国家在各指标上的表现

（一）南非指标表现

图 3-6 显示,南非大部分指标排序分布在雷达图的中心,表明该国工程教育与科技发展在所比较的国家中相对较弱。但是,其高等教育工科毕业生中女性占比相对突出,甚至高于已有数据的美国、日本等发达国家。在南非的工程教育中,女性学习工程学的参与度高。制造业增加值在南非 7 项指标中排

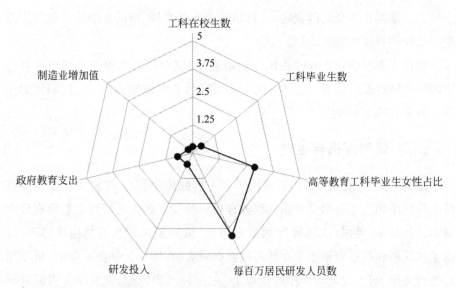

图 3-5　法国在工程教育相关指标上的表现

来源:联合国教科文组织统计所、OECD. Stat、世界银行数据库

制图:国际工程教育中心

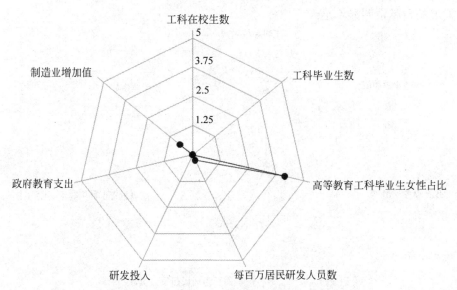

图 3-6　南非在工程教育相关指标上的表现

来源:联合国教科文组织统计所、OECD. Stat、世界银行数据库

制图:国际工程教育中心

序第二。该国作为金砖国家之一，其制造业不断发展，目前在制造业竞争力排名中已经跻身世界前二十位。

相比于工科毕业生女性占比与制造业增加值排序，其他 5 项指标均在选取国家中排在靠后位置。总体上南非的工程教育在规模、财力支持、研发力量等方面尚有很大差距。

（二）俄罗斯指标表现

图 3-7 显示，俄罗斯每百万居民研发人员数排序较高，工科毕业生数与在校生数排序相当。表明俄罗斯工程教育与科技发展的人力资源总量尚有较大潜力。与日本、英国、法国等发达国家相比，俄罗斯工程教育规模优势明显。由于俄罗斯高等教育毕业生女性占比数据缺失，在图 3-7 中表现为 0。俄罗斯在教育支出、研发投入的排序均很靠后，相比较人力资源，俄罗斯工程教育与科技发展的财力资源供给还存在较大差距，尤其是制造业增加值在有数据的 9 个国家中排名最低。俄罗斯工程教育与科技发展的人力资源总体具有一定保障，但在研发和教育的财政投入方面还有较大提升空间。此外，制造业对经济发展的贡献也明显不足。

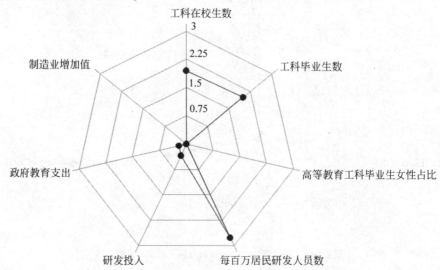

图 3-7　俄罗斯在工程教育相关指标上的表现

来源：联合国教科文组织统计所、OECD. Stat、世界银行数据库

制图：国际工程教育中心

（三）印度指标表现

图 3-8 显示,印度工科在校生、工科毕业生数排序最高,工程教育规模在九个国家中排名第一。高等教育工科毕业生女性占比排序也较高,甚至高于美国、英国、法国等五个发达国家。每百万居民研发人口数、研发投入、教育支出、制造业增加值等指标排序靠后,表明印度的教育资源投入和研发力量上还有较大提升空间。总体分析,印度工程教育规模庞大,但是其他方面存在明显短板,特别是制造业对经济的贡献较低,这也是印度工程科技发展需要解决的问题。

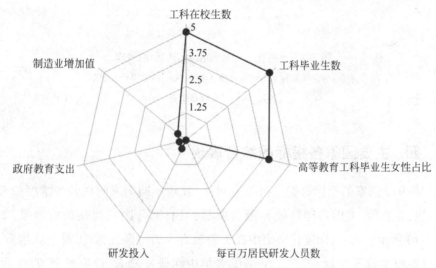

图 3-8　印度在工程教育相关指标上的表现

来源:联合国教科文组织统计所、OECD. Stat、世界银行数据库

制图:国际工程教育中心

（四）巴西指标表现

图 3-9 显示,巴西高等教育工科毕业生女性占比在 9 个国家中排名最高。其他指标在九个国家中排名较低。巴西 7 项指标的位次与南非类似,但整体排序高于南非。从整体分析,巴西工程教育与科技还处在建设与发展阶段,工程科技人力资源总量、财力投入等方面存在明显不足。

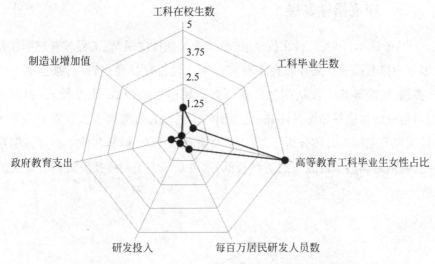

图 3-9　巴西在工程教育相关指标上的表现

来源:联合国教科文组织统计所、OECD. Stat、世界银行数据库

制图:国际工程教育中心

四、主要国家各指标的综合表现

将 9 个国家的指标数据进行综合对比,发现不同国家间在各个维度的表现有明显差异,美国与印度差异最为明显,另有部分国家存在集群效应,如图 3-10 所示。第一,印度优势集中在工程教育人力资源规模,工科毕业生数、工科在校生数等指标。第二,美国优势集中在研发投入、政府教育支出、制造业增加值与每百万居民研发人员数,工程教育人力资源规模与印度相比并不突出。第三,发展中国家以及发达国家的部分指标较集中于排序较低的中心位置。每百万居民研发人口数指标,以日本为代表的发达国家优势明显;而高等教育工科毕业生女性占比指标,则以巴西为代表的发展中国家排序较高。

此外,基于每个国家的维度比较分析,课题组发现以下现象:第一,发达国家工程教育人力资源与研发人力资源相比,具有一定差距。第二,制造业增加值在大部分国家中贡献较低,国家间制造业增加值绝对规模差距较大。

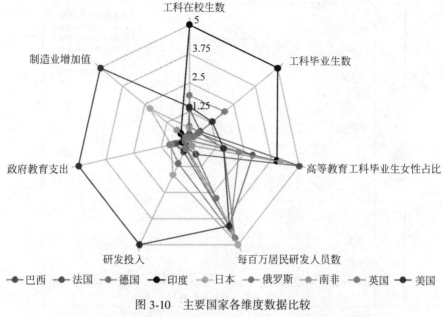

图 3-10　主要国家各维度数据比较

来源：联合国教科文组织统计所、OECD. Stat、世界银行数据库

制图：国际工程教育中心

五、主要国家组合指标的分析

组合指标可以反映出各指标的关联关系，也可更加清晰及准确地反映出数据情况。

1. 高等教育在校生数与毛入学率

高等教育在校生人数与毛入学率，是该国的高等教育发展总体状况的核心指标。其中，高等教育毛入学率指高等教育中高等教育在校生数与适龄（18~22 岁）人口之比，国际上通常认为，高等教育毛入学率在 15% 以下时属于精英教育阶段，15% ~ 50% 为高等教育大众化阶段，50% 以上为高等教育普及化阶段。

图 3-11 显示，2016 年中国高等教育在校生总量世界第一，高等教育毛入学率接近 50% ，正在完成高等教育大众化向高等教育普及化的阶段性跨越。但是也要注意到，虽然中国高等教育发展非常迅速，但是与其他发达国家相

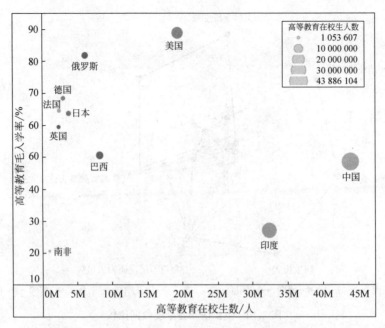

图 3-11　2016 年主要国家高等教育在校生数与毛入学率

来源:联合国教科文组织统计所,国际工程教育中心

比,适龄人口中接受高等教育的比例仍然不高,全民学历结构有待优化。印度高等教育在校生总量第二,但毛入学率远低于中国。中国、印度作为世界人口大国,其高等教育适龄人口基数也相对较大。而印度低毛入学率说明,印度高等教育大众化程度不高,社会从业人员学历结构整体偏低。美国高等教育在校生数排名第三,其毛入学率高达近 90%,表明美国高等教育已步入高度大众化阶段,大部分高等教育适龄人口均接受高等教育,社会整体人员素质较高。巴西与俄罗斯高等教育在校生数相差不大,但俄罗斯毛入学率远高于巴西,俄罗斯高等教育普及化程度较高,即劳动力素质整体高于巴西。德国、法国、日本、英国显现出集群效应,四国高等教育在校生数与毛入学率相当,高等教育规模与普及化程度类似,但英国稍弱于其他三国。南非作为金砖国家之一,高等教育程度要远低于其他金砖国家。毛入学率低、高等教育在校生数总量小都说明了南非高等教育程度还有提升空间。

2. 工科在校生数与总人口

工科在校生人数一方面受工科占高等教育比例影响,另一方面受国家人口基数影响。中国高等教育工科在校生人数主要包括专科、本科、硕士、博士层次在校生人数,分别对应国际教育分类标准(ISCED 2011)的 level 5-8。

图 3-12 显示,中国与印度作为世界人口大国,总人口遥遥领先于其他国家。在中印两国总人口数量相差不大的情况下,中国工科在校生规模远高于印度。与其他国家相比,中国工科在校生规模优势明显。美国总人口数量在10 个国家中排名第3,但工科在校生数低于俄罗斯。特别是美国高校,学习商业、法律、金融等专业的学生比例较高,这也符合近几年美国"逃离工科"的现象。巴西与美国工科在校生数接近,但总人口巴西远低于美国,这反映出巴西高等教育中,有更多的人选择进入工程领域。其他国家显现出集群现象。

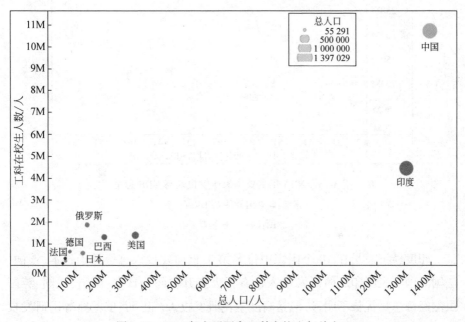

图 3-12　2015 年主要国家工科在校生与总人口

来源:联合国教科文组织统计所

制图:国际工程教育中心

3. 研发投入与 GDP 总量

单一的研发投入绝对值指标,无法全面考察一个国家的科技研发财力资源支持,因为这一指标受到经济总量的影响。将研发投入与 GDP 总量进行组合分析,更能说明国家对研发投入重视程度。

图 3-13 显示，中国与美国 GDP 总量和研发投入总量大。两国研发投入与经济总量遥遥领先于其他国家。中国 GDP 总量虽然略高于美国，但研发投入总量却低于美国，仍存在一定差距。

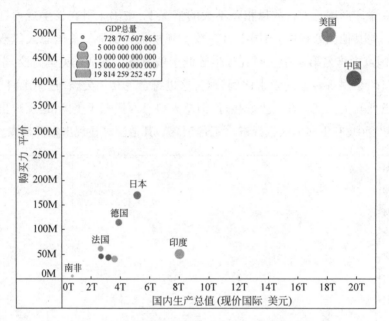

图 3-13　2015 年主要国家研发投入与 GDP 总量
来源：联合国教科文组织统计所
制图：国际工程教育中心

印度经济总量在 10 个国家中排名第 3，但研发投入总量低于日本、德国、法国等国。表明印度的研发投入仍有很大提升空间。日本、德国、法国、英国虽然经济总量优势不明显，但是高度重视研发投入。巴西、俄罗斯等国研发投入相对薄弱。与其他国家相比，南非的研发财力支持差距较大。

六、主要指标历时分析

由于主要国家工程教育规模在时间序列上部分年份数据缺失严重，因此课题组对工程教育规模总体数据进行分析。

1. 2000—2015 年工科在校生规模变化

工科在校生数量是工程科技人才最主要的储备。图 3-14 显示，工程领域在校生人数整体呈上升趋势。2000 年后,工科在校生数有较大增长。2012 年工科在校生数增长明显,但 2013 年在校人数则下降到与 2011 年相差不大水平。2015 年工科在校生人数约为 2000 年的 6 倍。

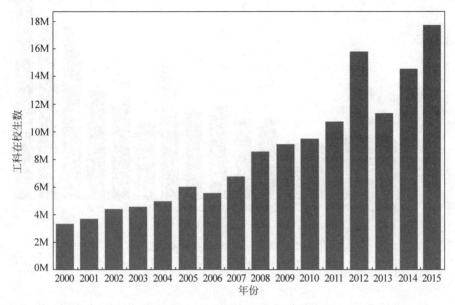

图 3-14　2000—2015 年工科在校生数量

来源:联合国教科文组织统计所,国际工程教育中心

工科在校生数量的变化与多种因素相关。其中适龄人口与专业选择意愿是最主要的因素。主要发达国家出生率下降甚至出现负增长的情况也影响工科在校生数量。对新兴国家而言,对工程人才的需求更加迫切,更容易找到工作,促使学生更愿意选择学习工科。

2. 2000—2015 年工科毕业生规模变化

2000—2015 年工程领域毕业生数可以划分为两大阶段。图 3-15 显示,2010 年工程领域毕业生数有较大幅度回落,工程领域毕业生人数与 2002 年基本持平。

以 2010 年为分界点,2000—2009 年为第一阶段,2010—2015 年为第二阶段。第一阶段,工程领域毕业生数增了近 1 倍,虽然人数有所下降但幅度不大,整体人数有所增长。第二阶段,工程领域毕业生数呈现大幅度增长。2015 年工程领域毕业生数是 2010 年的 3.5 倍左右。

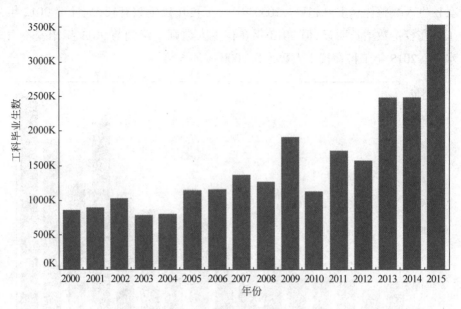

图 3-15　2000—2015 年工科毕业生数量

来源:联合国教科文组织统计所,国际工程教育中心

　　这两阶段工程领域毕业生人数的变化,如果教科文统计所的数据没有很大偏差的话,反映出社会对工程人才的需求变化。第一阶段,金融、服务行业炙手可热。第二阶段,美国金融危机波及世界其他各国,世界经济发展态势疲软。一些国家开始重新重视实体经济发展,纷纷开启再工业化进程,试图以制造业为突破口,寻找新的经济增长点。此外,新一轮的信息科技革命催生了对工程人才的大量需求,国际工程教育改革也迈入一个新的历史发展时期。

　　图 3-16 显示,高等教育毕业生集中分布在商学、管理、法律与社会科学等学科。女性毕业生人数与高等教育毕业生数量学科分布前两位学科相同,说明这两个学科在男女性毕业生中都是热门选择。工科在高等教育毕业生分布中排名第三,而工科女性毕业生中在各学科中排名第七,说明在工科毕业生男性占比明显高于女性。

　　图 3-17 显示,女性毕业生在各学科领域的分布存在很大差异。女性毕业生主要集中于商学、管理、法律与社会科学、新闻等领域。女性毕业生数量前五位分布在文科领域,其中商业、管理、法律领域女性毕业生数是工科女性毕业生数 3 倍左右。这表明在世界范围内,从事工程活动的女性毕业生数量较少。

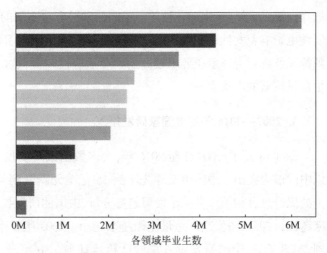

图 3-16　高等教育毕业生专业分布

数据来源:联合国教科文组织统计所

制图:国际工程教育中心

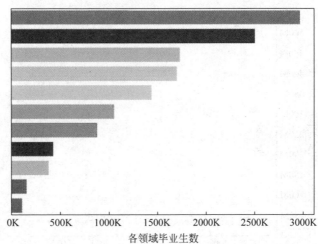

图 3-17　2015 年高等教育毕业生(女)专业分布

数据来源:联合国教科文组织统计所

制图:国际工程教育中心

　　女性毕业生学科领域分布悬殊,主要与以下因素密切相关。第一,社会需求。社会经济活动呈现由第一、第二产业向第三产业转移的趋向,这种社会经济发展趋势对商业、金融、服务业等领域的人才有着极大需求,影响着学生的职业选择。第二,学科未来职业性质。不同的学科有着不同的职业发展,未来的职业属性也影响着女性毕业生数的学科分布。女性由于自身的生理特质,对于工程师等职业或对身体素质要求较高的职业适应性较低,这也是工科领域女性毕业生数量较低的因素之一。

3. 2007—2016 年主要国家研发投入

图 3-18 显示,2007 年至 2016 年,大多数国家研发投入都呈现上升趋势,尤以中国最为突出。中国由最原先不到 15 亿美元跃升到 45 亿美元,这与中国国力的提升息息相关。从整个发展趋势分析,中国的研发投入越来越高,发展也越来越快,与美国研发投入总量差距越来越小。2007 年日本研发投入总量高于中国,2008 年后,中国研发投入总量已超越日本。10 年间,日本研发投入总量稳定,变化幅度不大。德国研发投入总量居第四位,10 年间缓慢上升。除南非外,法国、英国、巴西、俄罗斯等国研发投入总量相差不大,变化趋势趋于一致。南非是 10 个国家中研发投入总量最低的国家,几乎未有明显的变化趋势。

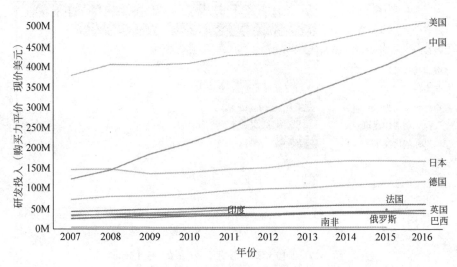

图 3-18　2007—2016 年主要国家研发投入

数据来源:联合国教科文组织统计所

制图:国际工程教育中心

图 3-19 显示,2007 年至 2016 年,中国制造业增加值总体呈现快速增长的趋势;美国制造业增加值增长相对平稳。

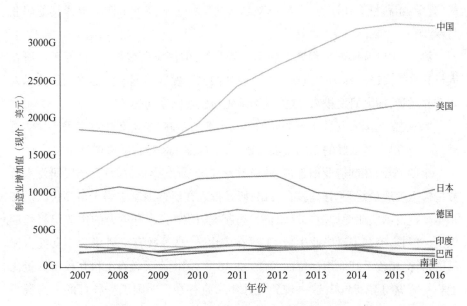

图 3-19　主要国家 2007—2016 年制造业增加值

数据来源:联合国教科文组织统计所

制图:国际工程教育中心

以 2009 年为分界点,2009 年前美国制造业增加值高于中国,2009 年后中国制造业增加值超越美国,差距逐渐增大。

在 2015—2016 年间,这种差距逐渐趋于稳定。2008 年美国金融危机冲击美国实体经济的发展,制造业发展疲软。近些年,美国陆续发布一系列文件,旨在寻找新的经济增长点。日本制造业增加值排名第三,且近四年来呈下降趋势。德国制造业增加值排名第四位,发展较为缓慢。从制造业绝对值规模看,中美两国制造业增加值遥遥领先于其他国家。从发展趋势看,当前制造业正处于战略转型的时期,各国制造业增加值发展趋于稳定。

小结

基于以上分析,国际工程教育发展现状与趋势:

第一,从工程教育人力资源绝对规模看,中国与印度占据较大比例。除美国外,其他发达国家工程教育规模相对较小。从工程教育人力资源时间发展看,近些年主要发达国家工科在校生逐渐下降,发展中国家增长比例也有所放缓。一方面是出生率下降,造成适龄人口减少。另一方面是部分国家开始出现"逃离工科"现象，工科社会认同感下降，越来越多的工科生或高中生选择选择其他职业与专业。

第二，中国和印度工程教育规模优势明显，但国家研发投入、百万人口研发人员数量等关键指标仍明显要落后于发达国家。发展中国家要加强工程技术人才培养质量，加大研发投入，才能逐渐缩短与发达国家间的差距。

第三，发达国家女性工程职业的参与度普遍不高，提高女性对工程活动的贡献，在于不以力量取胜的新的发展阶段，对于加强工程教育的多样性至关重要。

第四，美国在制造业增加值、政府教育支出、研发投入、每百万居民研发人口数指标上表现最好，尤其是教育支出、研发投入在所选国家中居于最高位次。特别是高技术制造业增加值排序最高，这说明美国制造业竞争力的优势仍将长期保持。但是，美国工科毕业生数、工科在校生数、高等教育工科毕业生女性占比三项指标，相较于其他指标位次较低。2016 年，美国高等教育工科在校生数量比上一年减少约 12884 人，这一现象近几年一直存在。美国工程教育的人力资源后备力量在数量上面临一定挑战。

第五，英国研发人力资源质量具有优势，女性学习工科比例较高。德国研发人力资源表现突出，但要实现工程教育人力资源可持续发展一方面需要财政支持。法国制造业增加值表现与其他指标表现，与美国、德国还有一定差距。

第六，南非工程教育与科技发展相对较弱。相对而言，高等教育工科毕业生女性占比突出，甚至高于已有数据的美国、日本等发达国家。俄罗斯的制造业增加值在有数据的 9 个国家中排名最低。总体上，俄罗斯工程教育与科技发展的人力资源有一定保障，但在财政投入方面还有较大提升空间。印度工程教育规模庞大，但是在其他方面均存在明显的短板，特别是制造业对经济的贡献较低，是印度工程科技发展需要解决的问题。巴西高等教育工科毕业生女性占比在 9个国家中排名最高。巴西工程教育与科技还处在建设与发展阶段，工程科技人力资源总量、财力投入等均存在着明显不足。

第七，总体而言，美国、英国、德国等发达国家在研发、工程教育投入方面存在显著优势。中国、印度等发展中国家工程教育规模优势明显，但在研发、投入等其他指标方面，需进一步提升。

第四章　典型工程师学会和
国际工程组织研究

工程师学会是工程职业发展的最重要推动力,是制定工程职业标准的最重要组织形式。缺少建制化的工程师学会,是中国工程科技发展的重大缺陷。本章采用组织分析、战略分析和实地调查的方法对部分发达国家和新兴国家的典型工程师学会,以及代表性国际工程组织的发展战略、运行模式、结构与治理模式、标准体系、合作内容及形式进行案例研究,以期为中国工程教育的国际战略合作提供政策和实践参考。

一、典型工程师学会和国际工程组织的发展战略

组织发展战略是关于组织如何发展的理论体系,特别是对组织发展方向、发展速率与质量、关键发展点的规律进行阐释。发展战略的目的就是要解决组织的发展问题,实现组织健康、快速且持续发展。本研究从组织愿景、核心目标、战略规划、战略重点等方面分析了典型工程师学会和国际工程组织的发展战略。

(一) 美国机械工程师协会[①]

美国机械工程师协会(American Society of Mechanical Engineers, ASME)是

---

① The American Society of Mechanical Engineers—ASME[EB/OL]. [2020-09-16]. https://www. asme. org/.

一个非营利性组织，旨在促进工程领域的学科协作、知识共享、职业发展与技能开发，以实现帮助全球工程界开发解决现实世界挑战方案的目标。1880 年，ASME 由一群卓越的实业家创立。经过几十年的发展，已经在 140 多个国家和地区拥有 100,000 多名会员，覆盖不同人群，从大学生和早期职业工程师到项目经理、企业高管、研究人员和学术带头人，呈现多样化特点。为更好地提供技术服务、发挥工程师在社会中的重要作用，ASME 开展不同形式的活动，包含但不限于继续教育、培训和专业发展、规范和标准、科学研究、会议和出版物等。

ASME 的使命是通过推进、传播和应用工程知识来改善生活质量，为不同的全球社区服务，并传达工程学的激情。ASME 旨在成为全世界机械工程师和其他技术专业人员获取有益于人类的解决方案的重要资源。

在履行其使命时，ASME 坚持的核心价值观包括：坚持诚信和道德；坚持多样性，尊重所有人的尊严和文化；培育和珍惜环境、自然和资源；促进工程知识的开发，传播和应用；促进继续教育和工程教育的好处；尊重并记录工程历史，同时不断接受变革；促进工程师的技术和社会贡献。

ASME 总体战略由使命和愿景推动等各种因素组成，通过目标形成一个综合业务计划，为 ASME 理事会、各部门及其工作人员和志愿者制定预算和目标。

当前，ASME 的战略重点在于全球影响、能源与劳动力发展三方面。全球影响方面，ASME 致力于提供当地相关的工程资源，以提高全球的公共安全和生活质量。ASME 通过为企业、政府、学术界和执业工程师提供当地相关标准、认证、技术信息、网络和宣传，力求对全世界的生活质量产生积极影响。能源方面，ASME 是企业、政府、学术界、工程师和公众的重要能源技术资源，也是美国和世界其他地区平衡能源政策的主要能源政策倡导者。劳动力发展方面，ASME 致力于培养更广泛、更有能力、更多元化的工程人员队伍，以提高工程人员在职业阶段的留任率。ASME 旨在提高工程人员的能力和效率，促进公共利益，并提高公众对工程专业价值的认识。ASM 战略如图 4-1 所示。

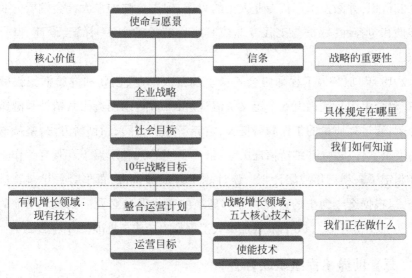

图 4-1 ASME 战略①

（二）加拿大工程师协会②

加拿大工程师协会（Engineers Canada）总部位于加拿大首都渥太华,是由 12 个工程监管机构组成的全国性的非营利组织。它拥有 295000 名专业工程师会员,代表加拿大所有的专业工程师协会并帮助他们制定指南、考试和国家工程师职业标准。加拿大工程师协会通过在工程规范方面支持一贯的高标准,鼓励加拿大工程师协会的发展和激发公众信心、维护工程行业的荣誉、诚信和利益。

加拿大工程师协会在工作中贯彻如下 9 个核心目标:认证本科工程课程;促进监管者之间的工作关系;提供能够评估工程资格、促进工程实践和法规方面的卓越性以及促进加拿大境内从业人员流动的服务;提供国家项目;积极监测、研究和建议影响加拿大监管环境和工程行业的变化和进展;管理与国际工作和从业人员流动相关的风险和机遇;培养对该职业对社会的价值和

① ASME Strategy. The American Society of Mechanical Engineers,May,2018. https：//www. asme. org/ wwwasmeorg/media/ResourceFiles/AboutASME/ASME_Strategy-180614. pdf.

② The American Society of Mechanical Engineers—ASME[EB/OL]. [2020-09-16]. https：//www. asme. org/.

贡献的认识,并激发下一代专业人士的兴趣;促进反映加拿大社会发展的职业多样性和包容性;保护与工程专业或其宗旨有关的文字、标记、设计、口号或标志。

2018年,加拿大工程师协会获得了加拿大卓越、创新和健康框架银牌认证,在整个组织范围内就6个定义价值观进行协作:以创造团队精神和健康文化为荣;通过高质量的工作赢得信誉;培养新想法,并采用创新方法;坚持透明和高度负责任;建立并维持信任关系;依靠不同的人和观点丰富既有工作。董事会制定了一项三年战略计划。该计划由各成员批准,董事会每年对其进行审查,以根据迄今为止的进展和外部环境的变化做出必要的调整。当前的战略计划于2018年5月26日获得加拿大工程师协会成员批准(2019—2021年)。

(三) 世界工程组织联合会①

世界工程组织联合会(World Federation of Engineering Organizations, WFEO)在联合国教科文组织的主持下于巴黎成立,作为世界上最大的工程类国际组织,成员覆盖了100多个国家和地区,以及11个相关领域的国际工程组织,代表了来自世界各地的3000多万工程师,是一个代表全世界工程领域的国际非政府组织,是代表世界各级各类工程专业和学科的唯一机构,是一个讨论和解决工程相关问题的国际平台,在国际工程领域具有广泛的影响力。WFEO是国际公认的工程专业的领导者,并与国内和其他国际专业机构合作,成为开发和应用工程技术,建设性地解决国际和国家问题,造福人类的领导机构。

世界工程组织联合会秉承为工程统一发声,为国际社会提供工程专业战略指导,为公众以及相关领域专业机构提供与工程领域相关的信息及组织领导,为社会服务的目标与理念,致力于成为被政府、国际组织以及公众认可的在工程、技术等人与自然环境领域提供有价值信息的咨询指导机构。该机构自成立之日起便致力于成为公认的工程领域全球领导者,通过适当应用技术,促进世界各国的和平、社会经济安全和可持续发展,通过从工程的角度进行有关政策和投资的讨论,促进政府、企业和人民之间的关系。

---

① Home—WFEO[EB/OL].[2020-09-17]. https://www.wfeo.org/.

世界工程组织联合会的使命包括：代表全球工程行业；提供该行业的集体智慧和领导力；帮助国际机构选择适当的政策方案；解决影响世界各国的关键问题；提升工程实践；通过妥善运用技术；促进世界各国的社会经济安全、可持续发展和扶贫。因此，在支持与协调各种项目中，世界工程组织联合会发挥着关键作用，通过培养工程能力，产生最大的长远影响，从而实现联合国可持续发展目标。世界工程组织联合会能够将教育机构、政府和企业聚集在一起，共同推动满足世界各区域工程能力需求的项目。在这项努力中以及在制定特定国家和区域的响应措施方面，世界工程组织联合会的国家会员和国际会员作为主要专业工程机构将发挥关键作用。

在战略目标方面，世界工程组织联合会于 2015 年颁布了其战略规划，随后颁布了《战略规划 2030》，将 15 年计划更加细化、明确，对于其战略目标，行动方向等进行了更进一步的说明。2018 年世界工程组织联合会 50 周年庆典是制定实现联合国可持续发展目标所需的工程能力行动计划框架的催化剂。在《战略规划 2030》中，世界工程组织联合会表示，将通过培养工程能力产生最长远的影响，从而实现联合国可持续发展目标。

世界工程组织联合会下设 10 个常务技术委员会，涵盖灾害风险管理、反腐败、信息与交通、能源、工程教育、工程领域内的女性、创新技术、工程能力建设、工程与环境以及青年工程师等领域。这些技术委员会在各自领域内为实现联合会的整体目标发挥着积极作用。在此以灾害风险管理委员会和创新技术工程委员会为例，展示联合会在实现可持续发展目标方面所做出的努力与所取得的成就。

1. 灾害风险管理委员会

灾害风险管理委员会的现任东道国会员是日本。日本的严重自然灾害较为频繁，因此非常适合将从过去灾害中吸取的宝贵经验教训推广到其他易于发生灾害国家和地区。该委员会在当地和全球范围内开展活动，在实践中以国际合作、会员扩展和宣传活动为主，旨在推广基于灾害风险管理的灾害预防、减灾和抗灾。

该委员会下设 3 个小组委员会，即水灾/滑坡灾害小组委员会、地震灾害小组委员会和能力建设小组委员会，各小组委员会均可独立开展活动。水灾/滑坡灾害小组委员会与多个面向灾害的国际组织进行合作，例如联合国减少灾害风险办公室和灾害风险综合研究计划,比如建议在可持续发展型社会实施的《2015—2030 年仙台减少灾害风险框架》(即"仙台框架"),该框架于2015 年 3 月在日本仙台举行的世界减少灾害风险大会上被联合国成员国采纳。

在实现可持续发展的目标框架下,灾害风险管理委员会选择了以下目标,为可持续发展的实现做出贡献:

工业、创新和基础设施:云计算、大数据和人工智能正在吸引越来越多的研究人员和投资并推动了创新。新的可持续发展行业不断发展,将带来大量的就业机会。

可持续城市与社区:物联网可以帮助从城市的不同基础设施中收集数据。大数据技术和云计算利用从物联网收集的数据,通过智能方式提供清洁的水、可靠的电力、安全的燃气和高效的公共照明。这样不仅可以释放资源,同时还可以节约资金投入其他服务以改善生活质量。

2. 创新技术工程委员会

在过去两年中,创新技术工程委员会组织了各种活动,包括会议、研讨会和网络研讨会,以促进公众认可和创新技术的工程实践。首先,在空间地震预报和减灾倡议方面,大量实例表明,地震与电离层之间存在相互关系,这就是地震电磁卫星发展的源头。创新技术工程委员会主办了一系列关于大数据和地震—电离层前兆的研讨会,以寻找和推广空间地震预测和减灾举措,并且已经完成了一份关于地震预报和空间减灾的报告。创新技术工程委员会建议邀请所有世界工程组织联合会成员、常务技术委员会成员,特别是灾害风险管理委员会共同努力,推广该措施,同时与地震预测和减灾领域的优秀工程师合作,为建设安全社会和可持续社会做出贡献。

(四) 亚太工程组织联合会

亚太工程组织联合会(FEIAP)前身是东南亚及太平洋工程学会联合会(FEISEAP),这是一个国际非营利性专业组织。1978 年 7 月 6 日,在联合国教科文组织的支持下,泰国工程学会在清迈组织召开会议,提出成立 FEISEAP。作为东南亚和太平洋地区工程机构的独立组织,FEISEAP 的目标是:鼓励将技术进步应用于世界的经济和社会进步;促进工程作为一种符合所有人利益的职业;促进世界和平。FEISEA 是世界工程组织联合会(WFEO)的国际成员,在全球范围内追求与 WFEO 的发展目标相一致。

FEISEAP 成立后,每两年召开一次成员大会,并对章程进行了多次修订。2007 年 11 月 26 日,在菲律宾宿务举行的第 14 届 FEISEAP 大会讨论联合会的可持续发展问题,与会成员一致同意,联合会应继续修订章程以便更准确地与其宗旨相契合,同时扩大会员规模以吸纳更大范围的经济体加入。2008 年 6 月 2 日,在越南河内举行的联合会特别大会一致通过了关于章程修订的决议草案。新章程提出东南亚及太平洋工程学会联合会(FEISEAP)改为亚太工程组织联合会(FEIAP)。

FEIAP 主席为提高组织的国际地位,提出进一步修订章程,吸纳认同 FEIAP 宗旨的亚洲和太平洋以外地区的成员及区域成员加入联合会,同时允许与联合会具有共同利益的经济体成员推荐同一经济体内的专业机构成为联合会的联系会员,享有参加联合会活动的权力。

FEIAP 的宗旨是:促进成员之间的合作和信息交流;促进区域不同经济体之间工程机构成员的交流;鼓励组建和促进地区工程师机构的活动;赞助区域利益和相关性的会议,专题讨论会和大会;研究有关教育,持续专业发展和工程师资格的问题;与国际、区域和政府及非政府组织合作,并鼓励工程师为这些组织的活动做出贡献。FEIAP 旨在帮助其成员经济体具有竞争力,让工程师能够满足全球需求,帮助经济成员中的大学达到全球可接受的标准,为成员经济提供培训和指导,以达到可接受的标准。

FEIAP 愿景是成为亚洲及太平洋地区首屈一指的专业组织。FEIAP 使命是促进健全的工程实践,以支持亚洲及太平洋国家的社会经济发展目标,促进亚太地区成员组织之间交流与工程有关的信息和思想,促进工程和学科的任何或所有部门的工程专业科学的进步。FEIAP 价值观是建立网络,促进工程实践中的可持续发展概念和应用。

二、典型工程师学会和国际工程组织的运行模式

运行模式是保障组织发展实现组织目标的关键,它是有规律的、有迹可循的、可复制循环的。一个组织的职能结构、层次结构、部门结构、职权结构、治理结构、制度规范、决策机制等可清晰呈现出其运行模式的特点。本研究对典型的工程师学会和国际工程组织进行了组织结构分析,以期深入了解其运行模式。

（一）美国机械工程师协会

美国机械工程师协会（American Society of Mechanical Engineers，ASME）的组织机构和治理结构如表 4-1 所示。

表 4-1　ASME 的组织机构和治理结构

治理机构名称	组成	职责
理事会	由成员选举产生	负责管理协会各种事务
行业咨询委员会(IAB)	由 ASME 大、中、小型公司的行业高管组成，代表了与 ASME 五大核心技术领域相一致的技术多样性：制造、压力技术、清洁能源、生物工程和机器人技术。公司代表须每年两次亲自参加会议，分享工程见解，加强行业与公司间的开发流程与技术交流	IAB 会员公司为 ASME 提供了不同的视角，ASME 可以更好地制定和实施其支持该行业的愿景，并改善其在塑造下一代工程师方面的全球影响力
提名委员会	成立于 1980 年，是一个完全独立的委员会，由具有丰富志愿领导经历并对 ASME 有全面了解的成员组成，对提名委员会的目标和要求有承诺并充分了解其董事会及其所代表的部门的职责、运营和挑战，还必须了解这些问题与整个社会的相关性	成员需能够利用这些知识有效评估 ASME 官员提名候选人的资格
公共事务与外联部门	新任公共事务与外联高级副总裁由公共事务与外联理事会从其前任或现任成员中提名，由理事会任命，任期三年	在理事会的指导下，负责协调行业、政府、教育和公众的外联工作，负责解决多样性和人道主义项目的倡议
标准与认证机构	在理事会的指导下负责协会的规范与标准相关活动，包括工程领域符合性评估项目	
技术活动和内容部门	在理事会的指导下负责社会活动，主要涉及个人和团体提高工程技术、艺术、科学、知识活动和实践，以及规划、开发和交付新产品、新技术内容	
学生和早期职业发展部门	在理事会的指导下负责满足学生和早期职业工程师的需求，并为其提供发言权	

ASME 事务由从其成员中选出的理事会(BOG)管理。该委员会在章程和附则以及社会政策的范围内管理协会的活动。理事会的有表决权的成员包括主席、前任主席、九名一般会员。提名委员会选择一组合格且称职的候选人参加 ASME 会员选举,担任 ASME 的主席和理事会成员。提名委员会由 1 名主席和秘书领导,共有 17 名投票成员和 14 名候补成员。每个提名委员会成员必须是会员或同等级别且不在协会的任何选举办公室任职。提名委员会的表决成员任期两年,候补委员选举一年。提名委员会成员非常重视与其他 ASME 部门和部门的成员会面,以了解成员的想法和价值观。参与提名委员会对许多新老成员来说都是一次宝贵的经历,并帮助他们更好地了解 ASME 的结构和运作。

关于美国机械工程师协会章程对协会成立的基本信息与协会运作等各方面的具体说明详见其他附件。章程条款仅可由 ASME 会员投票修改,细则只有经理事会批准才能修改。变更必须通过负责单位进行处理,并在理事会审议前由该单位所属部门接受。

ASME 是国际上领先的与机械工程艺术、科学和实践相关的规范和标准的发起者。1914 年,ASME 首次发布锅炉和压力容器规范。经过长时间的发展,ASME 的规范和标准已涉及近 600 种产品。这些产品涵盖领域广泛,包括压力技术、核电站、电梯/自动扶梯、建筑、工程设计、标准化和性能测试。

规范与标准在行业中发挥愈加重要的作用。《ASME Vision 2030 调查》反馈:"规范和标准是设计和维修工程要求的重要组成部分,了解规范和法规要求是工程师的必备工具。所有行业都越来越意识到遵守准则和行业标准在确保系统、组件和结构可靠性方面的好处。"除产品标准认证外,ASME 根据美国联邦机构的要求,为特定行业提供从业人员专业能力的统一资格标准认证。北美地区近 3000 名专业人员已取得资格证书。《ASME Vision 2030 调查》通过调查 2500 名工业工程监督员、早期职业机械工程师和 ME 部门主管对美国 ME 教育的观点发现,46.9% 的行业监管者表示 BSME 毕业生对标准理解存在不足,48.3% 的早期职业生涯工程师发现自己对标准理解存在弱点。

ASME 从行业与职业角度对工程师进行资格认证,标准各有不同。当前 ASME 的认证主要包括 GDTP、QRO、QFO NDE / QC(ANDE)认证等,每种资格认证都有着不同标准,ASME 尚未建立工程师通用标准。Robert Leduc 在 ASME"职业与教育"主题文章中指出,未来的工程师应具备以下能力:第一,适应性强。可在复杂问题的环境里跨越不同工程的界限,从系统角度思考、解决问题,实现产品的快速交付。第二,优秀的大数据分析能力。未来的工程更多可能性是智能化工程,传统机械师需要管理人工智能与数据分析的能力,以应对行业未来变化。第三,领导技能。Pratt&Whitney 正大力投资高管和中层管理人员,以培训与强化正确合理的领导技能,以继续推动企业的文化转型。

(二)加拿大工程师委员会

加拿大工程师委员会①由董事委员会和运营委员会构成。董事委员会和工作组由董事会任命,并向董事会报告。政策规定了董事会委员会和特别工作组的原则,每一个都有具体的职权范围,下分审计委员会、认可委员会、财务委员会、资格审查委员会、薪酬委员会、执行委员会、治理委员会、运营委员会。这些委员会通过完成分配的费用,支持首席执行官实现战略方向。董事会是加拿大工程师管理机构。它负责通过以下方式确保适当的组织绩效:为组织设定战略方向,以满足工程监管机构的需求;制定书面管理政策,解决组织和董事会本身的运作方式;监督首席执行官以确保组织绩效;做出与加拿大工程认证委员会和加拿大工程资格委员会有关的决定;吸引和激励志愿者。

监管机构是加拿大工程师的所有者,在章程中称为成员。董事会代表监管机构进行管理,并监督加拿大工程师的运营。加拿大工程认证委员会(Canadian Engineering Accreditation Board,CEAB)和加拿大工程资格委员会(Canadian Engineering Qualifications Board,CEQB)的首席执行官和主席对董事会负责,并向董事会报告。董事会根据定期报告监控其业绩并评估其能力。

运营委员会通过完成分配的职责来支持首席执行官实现战略方向。各委员会保持对与相关战略方向有关的问题的认识,以协助进行观察。保持对相关战略方向相关问题的认识,以协助观察。下分为三个委员会,分别是关系咨询委员会、公共事务咨询委员会、土著咨询委员会。

第一,关系咨询委员会(Affinity Advisory Committee)。它为加拿大工程师提供以下方面的建议和指导:现行计划(包括增长、营销和参与度)、新的关系计划、关联计划对监管机构的价值。

---

① Engineers Canada's Committees | Engineers Canada [EB/OL]. [2020-09-17]. https://engineerscanada. ca/about/committees.

第二,公共事务咨询委员会(Public Affairs Advisory)。它的主要职责是:(1)针对新的和现有的对工程管理者和工程专业的重要问题,为各级政府和公众制定国家立场文件。(2)确保国会议员和联邦政府在决策过程中考虑工程专业的专业知识。(3)审查现有的国家立场文件并确认是否需要更新。(4)制定一份新的政策主题清单供工程管理者和加拿大工程师委员会考虑。(5)参加加拿大工程师协会的年度"爬山日"活动,就加拿大工程师协会的公共政策优先事项与议员和联邦高级官员进行接触。

第三,土著咨询委员会(Indigenous Advisory Committee)。成立于2020年1月,接续了此前公平参与工程委员会关于土著人民参与工程的小组委员会的工作。新成立的土著咨询委员会的目的是支持首席执行官实现规定的目标,服务监管机构,促进和维护加拿大工程专业的利益、荣誉和诚信,支持土著人获得工程技术能力。

加拿大工程师管理手册(Engineers Canada Governance Manual)根据政策治理的基本原则制定。董事会制定政策、委托执行并监督结果。该手册的目标是,为所有志愿者和工作人员提供管理作风指导,作为加拿大工程师组织政策和结构的参考,提供加拿大工程师开发的相关文件。管理手册及其政策可在加拿大工程师网站获得,并向加拿大工程师的所有志愿者和工作人员提供PDF版。这些政策是加拿大工程师董事会持续审查的主题,手册经董事会批准进行删除、添加或修订等更新。加拿大工程师委员会采用该手册来定义加拿大工程师的管理作风和主要利益相关者的责任。该手册收集了董事会制定的政策和程序。

(三) 英国工程委员会

英国的工程教育专业认证活动有相当长的历史,部分工程职业学会从19世纪初起就开始在英国开展活动,并从20世纪70年代起就开始进行工程教育专业认证①。从1981年起,英国皇室授权工程委员会(Engineering Council,EngC)②在全国层面统一管理和协调英国的工程教育专业认证和工程师注册工作,统筹设置全国各行业工程教育专业认证和工程师注册的总体要求与一

---

① https://www.enaee.eu/wp-content/uploads/2018/11/Augusti_Chapter-in-Patil-Grays-book-Europ-Eng-System-of-Eng-Education-and-its-global-context.pdf.

② Engineering Council[EB/OL]. [2020-02-22]. https://www.engc.org.uk/.

般性标准,下属各专业学会则负责维护、促进和细化相关的标准,并进行具体的管理工作①。

英国工程委员会(EngC)是英国工程教育专业认证和工程师注册的统筹负责机构,作为英国工程职业的管理机构,工程委员会管理着英国境内 22.2 万注册工程师和技术员,其使命是在工程职业能力和职业承诺设定方面维持广受国际认可的标准②。工程委员会负责设置全英国层面工程教育专业认证和工程师注册的总体要求与一般性标准。认证和工程师注册这两项工作在工程委员会的统一管理之下互相关联,认证为保证注册工程师的教育基础服务,工程师注册时则要求报名者有符合要求的经过认证的教育基础。

EngC 采用申请审核制度招收的会员需满足以下条件:登记为专业工程师,专业工程技术人员,专业认证工程师,专业工程技师或者其他门类;至少在下列工程专业领域有过一项以上经历:教育、培训、职业行为、职业实践、专业活动;声明为委员会及其下属机构服务;愿意签署 ECSA 的行为准则。

(四) 国际工程联盟

国际工程联盟(International Engineering Alliance,IEA)是一个全球性非营利组织,其成员由来自全球 29 个国家/地区的 41 个辖区构成。该联盟涉及 7 个国际协议,规定了对工程教育资格和专业能力的认证通则。组织成员可以此为基准制定并执行工程教育标准和工程实践能力的培养。国际工程联盟通过扩大对其组成协议和协定的认定和采纳范畴,在全球范围内提高工程教育水平和素质能力。IEA 主要发布了三个工程教育互认协议《华盛顿协议》《都柏林协定》《悉尼协定》;四个工程师资格互认协议,包括《国际职业工程师协议》(International Professional Engineers Agreement, IPEA)、《亚太工程师协议》(Asia-Pacific Economic Cooperation Engineer Agreement, APEC)、《国际工程技术员协议》(International Engineering Technologists Agreement, IETA)和《国际工程技师协议》(Agreement for International Engineering Technicians, AIET)。

《华盛顿协定》(Washington Accord)、《都柏林协定》(Dublin Acoord)、《悉尼协定》(Sydney Accord)这些协议是对工程师的认证标准,协议的签署者分别为

---

① 袁本涛,郑娟. 博洛尼亚进程后欧洲工程教育专业认证的发展研究[J]. 清华大学教育研究, 2015(1).

② Engineering Council[EB/OL]. [2024-02-22]. https://www.engc.org.uk/about-us.

专业型工程师、技术型工程师、技能型工程师的培养制定工程教育标准的基准,同时也为毕业生提供工程教育蓝本。

协定没有具体规定授予经认可的方案的条例名称。国际工程联盟的协议使用了两套参照体系。首先,每个签署国所应用的教育标准,预计至少在本质上相当于每个协议的毕业生属性样本。其次,预计该机构将采用《协定规则和程序》中规定的适用于所有协定的质量指标运行一个认证过程。通过这些协议,IEA 寻求在全球范围内提高工程教育和竞争力。

国际工程的联盟成员采取多边协议(以下"成员"一词指国际工程联盟成员),成员辖区工程教育目标与国际工程联盟的目的达成契合,为此培养章程和方式与国际工程联盟协定相符合并形成通识方式。接纳新成员加入国际工程联盟须获得所有其他成员的一致同意。成员可提前 24 个月发出退出声明,并在通知期间履行协定要求的义务。如果所有其他成员认为某个成员未能履行其义务,则该成员会收到书面通知在一年内解决提出的问题,否则其成为正式会员的进程可能会终止。国际工程联盟成员的退出、终止或接纳,或成员内部协议参与者的变更,应自动更新其成员资格。国际工程联盟可将与国际工程联盟宗旨利益或责任一致的组织视为国际工程联盟的附属机构。

1. 管理小组

国际工程联盟成员接受联盟统一管理。联盟各组成部分任命一名主要代表和一名或一名以上副代表参加理事会。管理小组应从各组成部分的代表中选出一名主席,或可任命一名自然人为国际工程联盟的独立主席。如果任命了一名独立的主席,该人将没有投票权,在任何被认为与主席角色的独立性有重大冲突的组成部分的活动中不得发挥任何作用。

管理小组至少每两年举行一次面对面会议,并至少每年举行一次其他形式的会议,包括视频会议、电话会议或电子会议。经各组成部分同意,可以安排进一步的会议。理事会应决定有权出席理事会的任何特别会议的联盟各组成部分的代表人数。每一出席代表在管理小组中有一票。至少 2/3 的出席代表出席理事小组会议才可按比例发言。联盟各组成部分有义务通过其代表充分参加理事会的会议,并做好充分准备与协定的参加者协商。参与理事小组活动的联盟各组成部分代表的费用通常应由该部分或组成部分协议的一名或多名参与者承担。管理小组应至少每两年举办一次国际工程联盟的一般性论坛,国际工程联盟的所有成员均有权参加该论坛。

国际工程联盟的附属机构有权参加任何一般性论坛,但只有在特定组织的邀请下才可参加其成员的活动。经理事会邀请,参观者可参加一般性论坛。理事会应就其活动向总论坛报告。在每一个一般性论坛上,理事会应就理事会、秘书处的活动和今后可能采取的主动行动进行协商并接收反馈意见。总论坛可为理事会拟订咨询意见,并应努力以协商一致方式行事。这些建议对管理小组不具备约束力。

管理小组应开展支持国际工程联盟宗旨的活动。管理小组应促进协商,以协助制订一个关于毕业生素质和能力概况的良好做法范例的统一框架。理事会应就联盟所有组成部分的共有事项拟订和维持一个政策框架,其内容可能包括但不限于确定会议主办权、确定合理旅费和住宿费、文件语言和确保与会者安全的政策。管理小组应备存术语表,以协助解释工程教育互认协议和各组成部分本身的最低限度服务标准。

2. 秘书处

理事会应任命和监督一个秘书处的运作,该秘书处应持续向所有组成的MLAs和整个国际工程联盟提供服务。理事会应协调安排每两年举行一次的成员大会和所有一般性论坛的方案。理事小组应协调安排举行任何选民中期会议和任何有关的一般性论坛的方案。理事会应至少提前三年决定此类协调会议的日期、东道国/地区和地点。理事会应监测此类会议的组织,以确保做出适当安排,满足所有组成部分和成员的需要。管理小组可通过下列活动下发资源,向其他有关国际或国家组织提供资料,出席重要国际活动,挖掘潜在成员和资源,以促进国际工程联盟宗旨贯彻。管理小组可成立以协商一致原则开展工作,代表国际工程联盟调查问题或制定建议。

在提出修改建议之前,理事会应在一般性论坛上进行磋商。另有决定除外,管理小组主席通常为管理小组、总论坛和国际工程联盟的公开代表。在履行秘书处任命时,理事会应拟订工作范围并管理申请和甄选程序。该程序应作为本《章程》的附表予以公布。在履行监督职责时,管理小组应制定绩效指标,定期绩效报告,可向联盟成员寻求反馈并进行积极管理。

国际工程联盟成员有义务承担秘书处的费用以及承独立主席的费用。管理小组应确定在国际工程联盟成员之间公平分摊费用和年度成员会费支付费用的原则,作为章程的附件;应确定各成员的会费捐款需超过秘书处的费用。管理小组应考虑到:不能合理预期由成员自愿捐款支付的理事小组的代表费用和其他活动的费用、申请费等一次性费用在多大程度上有助于支付活动的费用,在事先获通知讨论本专题的专题工作会议上提出的委员意见。管理小组可规定附属公司的年费。联盟组成部分应尽其最大努力确保其协议参与方履行其分摊费用的义务。国际工程联盟拥有的资源应提交秘书处服务提供者,秘书处服务提供者应确保建立符合良好会计标准的有效流程(作为服务安排的条件)。秘书处服务提供者应听取管理小组关于资源使用的指示。

治理结构和程序更改需要通过多于 2/3 投票权的成员赞成,所需修订或更改的提议需要至少提前 6 个月告知联盟各成员,并在一般的论坛上接收反馈,在 6 个月期间收到的稿件和工作会议的反馈由管理组负责整合。修改时间表由超过 2/3 有投票权的成员决定。

3. MPA 多方协议

多方协议(以下简称 MPA)规定了 IEA 管理小组的职权范围以及对支持若干国际工程协议(以下简称协议)的秘书处正在进行的业务做出承诺的各方的条款、条件和义务。具有准会员、会员资格的组织简称协议参与者。协议参与者对任何特定协议的义务,在进入 MPA 后生效。

本组织称秘书处为服务提供者。MPA 由两年一次的大会(称为国际工程会议,IEM)制定(大会议在奇数年举行,通常在 6 月或大约 6 月举行)。秘书处的任期通常为四年,但可以再延长两年。

MPA 应由参与协议的主席组成的管理小组管理,如果有不超过 3 个参与协议,则由副主席兼任,从成员中选出一名主席。如果联盟达成协议,或终止其某项协定的指导原则是,年度总会议并提前至少 6 个月向秘书处服务提出申请,所提交文件由管理小组审议,管理小组应在申请变更开始之日至少 3 个月内做出反馈决定,本要求对本协定下所有缔约方和协议参与方具有约束力。

对由于工作时间改变引起的变动,处理方法同上所述。无论秘书处因何种理由不能继续提供服务,必须至少提前一年通知理事小组。如果理事小组认为中期报告明显存在重大不足,需要做出实质改进,并提供改进进度。如果未能达到整改目标,管理小组及时终止其成员权益。

4. 聘用秘书服务

理事会应从参与协定的签署国/地区中任命委员,组建不超过 6 人的委员会,并从中任命委员会主席。委员会必须遵循联盟宗旨和相关规定履行工作职责以及提供相应服务。

在每届委员会任期结束前至少 9 个月,理事会对其工作进行考核并针对性提出意见和建议。提案通常应在 IEM 结束前 6 个月提交,且提案必须遵循由管理小组发布的格式。评选委员会收到的关于提供秘书处服务的建议,并向理事会提交相关方案。理事会须在下届委员会新任期开始前至少 3 个月给出审议评审建议,并任命委员会成员。达成书面文件和工作章程。

(五) 世界工程组织联合会

历经半个多世纪的发展,WFEO 已发展成一个拥有来自近百个来自不同国家或地区成员以及十余个国际工程组织的全球最大工程组织联合体,致力于为全球工程界发声,并在可持续发展、气候变化、能源再生等关键问题上发挥重要作用。

WFEO 的会员包括有表决权的国家会员、国际会员和附属会员;无表决权的通讯会员、准会员和技术性会员。在会员大会休会期,WFEO 的各项事务则由执行委员会管理。执行理会负责处理本联合会的日常工作,执行理事提供相关支持。

国家会员是指全国性专业工程组织或某一国家的组织联盟或协会,该联盟或协会根据该国的国家标准应为最能代表具有相关技术能力的工程人员。国际会员是指由多个国家的专业工程机构为了地区利益或其他国际利益组成的,证明其能够承担持续活动的联盟或协会。附属会员是指一个指定地理区域内的一个或多个专业工程组织,该等组织根据该指定地理区域的标准被认定最能代表具有相关技术能力的工程人员。通讯会员是指不能作为国家会员完全参与,但希望用写信的方式参与本联合会活动的全国性专业工程组织。准会员是指为了支持本联合会的工作和定期接收本联合会的活动信息而登记为准会员的工程组织、法人团体或个人。技术会员是指致力于某一特定工程区域活动的国际性非政府专业组织。

作为该联合会的管理机构,会员大会由信誉良好的会员代表组成。会员大会的主要职责有:确定本联合会的政策;选举执行委员会成员和国家会员;根据执行委员会的建议,批准由会员缴纳的年度会费;根据国家会员(东道国)的提议,成立常设技术委员会(STC),选举东道国,批准东道国提名的常设技术委员会主席(级别为副主席),以及根据执行委员会的建议,撤销常设技术委员会;根据执行委员会的建议,确立和设定职权范围,以及撤销任何委员会或理事会;审查和批准或修改执行委员会、执行理事会和执行理事自会员大会上一次常规会议之后做出的决定;以及审查本联合会的任何活动等。

世界工程组织联合会执行委员会由以下有表决权的会员组成:主席、候任主席、前任主席、两位执行副主席、财务主管;8 位国家会员;所有副主席,包括常设技术委员会主席以及 6 位国际会员。此外,执行委员会还包括无表决权的会员:财务副主管、执行理事以及其他委员会主席。执行委员会每年至少召开一次会议,主要的权力与义务有:批准本联合会两年一次的预算并向会员大会报告;在会员大会常规会议召开前至少 4 个月,将信誉良好的有表决权的会员提交的关于候任主席、执行副主席、执行委员会国家成员等职位的入围名单以及执行理事会提名的财务主管的候选人名单提交给所有会员;接收财务主管和审计人员的报告,并将其向会员大会报告;根据执行理事会的建议,确立和设定职权范围,以及撤销任何特别工作组或工作小组;审查和批准或修改执行理事会和执行理事自执行委员会上次常规会议之后做出的决定。

(六) 国际咨询工程师联合会

国际咨询工程师联合会(Fédération Internationale Des Ingénieurs Conseils, FIDIC)是全球咨询工程师协会的全球代表机构,代表全球 100 多个国家或地区的 100 多万工程专业人士和 40000 家公司。FIDIC 章程与附则对协会的会员、准会员和附属会员做了详细的解释,并对 FIDIC 的治理制度做了明确的说明,其中包括大会、秘书处等组织的职能、执行委员会的权利和责任等内容,同时对财务审计、章程修改、联合会解散和清算等做了规定。FIDIC 组织机构如图 4-2 所示。

FIDIC 由常设委员会组织和管理,常设委员会通常由工作组主席和 FIDIC 任命的工作组组成。工作组所承担的活动由论坛拟定。

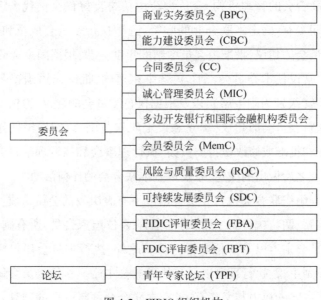

图 4-2　FIDIC 组织机构

　　FIDIC 理事会负责行政机构以及联合会未明确在大会职权范围内的事务管理。他们的任务是：执行大会决议；编写年度报告，制定和修改章程，并批准经审计的年度账目供大会批准；任命常务委员会和工作组成员，批准他们的职权范围，并监督他们的活动。理事会为 FIDIC 进行战略规划，以保持和提升其在全球的形象。理事会需要与级别相当的、利益相关的官员保持联系，并定期访问协会会员。理事会每年至少召开三次会议，其中一次需要与 FIDIC 年会同时召开。

　　FIDIC 会员分为三种：协会会员、准会员和附属会员。协会会员是全国性协会，是为一个国家/地区的建筑和自然环境提供基于技术的智力咨询服务的最大公司协会。准会员是任何组织、协会或者公司集团，总部需要设在一个没有协会会员的国家/地区，并且主要从事工程咨询行业的活动，此会员类别的目标是成为 FIDIC 国家级协会会员的组织。附属会员是指任何个人、协会、组织、公司集团，其总部设在无会员协会的国家/地区，并且支持联合会的目标，此类会员类别是针对面向希望与 FIDIC 保持密切联系并且支持联合会所在地方和国际活动的商业组织。表 4-2 为 FIDIC 会员和协会名单，表 4-3 为 FIDIC 合作伙伴名单。

表 4-2 FIDIC 会员名单①

序号	国家/地区	协会名称
1	Albania 阿尔巴尼亚	Albanian Association of Consulting Engineers
2	Australia 澳大利亚	Consult Australia
3	Austria 奥地利	Austrian Consultants Association
4	Azerbaijan 阿塞拜疆	National Engineering Consultancy Society of Azerbaijan
5	Bahrain 巴林	Bahrain Society of Engineers
6	Bangladesh 孟加拉国	Bangladesh Association of Consulting Engineers
7	Belgium 比利时	Organisation des Bureaux d'Ingenieurs-Conseils, d'Ingenierie et de Consultance
8	Bosnia and Herzegovina 波黑	Association of Consulting Engineers of Bosnia andHerzegowina
9	Botswana 博茨瓦纳	Association of Consulting Engineers Botswana
10	Brazil 巴西	Associação Brasileira de Consultores de Engenharia
11	Bulgaria 保加利亚	Bulgarian Association of Consulting Engineers and Architects
12	Canada 加拿大	Association of Consulting Engineering Companies l Canada
13	Chile 智利	Asociación de Empresas Consultoras de Ingeniería de Chile
14	China 中国	China National Association of Engineering Consultants
15	China, Hong Kong 中国香港特别行政区	Association of Consulting Engineers of Hong Kong, China
16	China, Taiwan 中国台湾地区	Chinese Association of Engineering Consultants
17	Colombia 哥伦比亚	CámaraColombiana de la Infraestructura (CCI)
18	Croatia 克罗地亚	Association of Consulting Companies in Construction
19	Cyprus 塞浦路斯	Cyprus Association of Civil Engineers (CYACE)
20	Czech Republic 捷克	Czech Association of Consulting Engineers
21	Côte d'Ivoire 科特迪瓦	Chambre Nationale desIngénieurs Conseils et Experts du Génie Civil
22	Denmark 丹麦	Foreningen af Rådgivende Ingeniører

---

① FIDIC l Member associations l International Federation of Consulting Engineers[EB/OL]. [2020-09-17]. https://fidic. org/membership/membership_associations.

序号	国家/地区	协会名称
23	Dominican Republic 多米尼加	Asociacion de Ingenieria y consultoria Dominicana
24	Ecuador 厄瓜多尔	CámaraEcuatoriana de Consultores（CEC）
25	Egypt 埃及	Egyptian Consulting Engineering Association
26	Estonia 爱沙尼亚	Estonian Association of Architectural and Consulting Engineering Companies
27	Finland 芬兰	Finnish Association of Consulting Firms
28	France 法国	CINOV—Fédération dessyndicats des métiers de la prestation intellectuelle du Conseil, de l'Ingénierie et du Numérique / SYNTEC Ingénierie
29	Georgia 格鲁吉亚	Georgian Association of Consulting Engineers
30	Germany 德国	Verband Beratender Ingenieure
31	Ghana 加纳	Ghana Consulting Engineers Association
32	Greece 希腊	Hellenic Association of Consulting Firms
33	Hungary 匈牙利	Association of Hungarian Consulting Engineers and Architects
34	Iceland 冰岛	Félag Rádgjafarverkfrædinga
35	India 印度	Consulting Engineers Association of India
36	Indonesia 印度尼西亚	The National Association of Indonesian Consultants
37	Ireland 爱尔兰	Association of Consulting Engineers of Ireland
38	Islamic Republic of Iran 伊朗	Iranian Society of Consulting Engineers
39	Israel 以色列	Israeli Organization of Consulting Engineers and Architects
40	Italy 意大利	Sindacato Nazionale Ingegneri e Architetti Liberi Professionisti Italiani / Associazione delle Organizzazioni di Ingegneria, di Architettura e di Consulenza Tecnico Economica
41	Japan 日本	Engineering and Consulting Firms Association, Japan
42	Jordan 约旦	Jordan Architects and Consulting Engineers Council
43	Kazakhstan 哈萨克斯坦	Kazakhstan National Association of Professional Engineers and Consultants
44	Kenya 肯尼亚	Association of Consulting Engineers of Kenya

序号	国家/地区	协会名称
45	Kuwait 科威特	Union of Kuwaiti Engineering Offices and Consultant Houses
46	Latvia 拉脱维亚	Latvian Association of Consulting Engineers
47	Lebanon 黎巴嫩	Lebanese Association of Consulting Engineers
48	Lithuania 立陶宛	Lithuanian Association of Consulting Companies
49	Luxembourg 卢森堡	Ordre des Architectes et des Ingénieurs-conseils, d'Ingénierie et de Consultance
50	Malawi 马拉维	Association of Consulting Engineers of Malawi
51	Malaysia 马来西亚	Association of Consulting Engineers Malaysia
52	Mali 马里	Ordre Ingenieurs Conseils Du Mali (OICM)
53	Mauritius 毛里求斯	Association of Consulting Engineers, Mauritius
54	Mexico 墨西哥	CámaraNacional de Empresas de Consultoría de México
55	Moldova 摩尔多瓦	Association of Consulting Engineers in Republic of Moldova (ARMIC)
56	Mongolia 蒙古	Mongolian Road Association
57	Montenegro 黑山	Association of Consulting Engineers of Montenegro
58	Morocco 摩洛哥	FédérationMarocaine du Conseil et de l'Ingénierie
59	Mozambique 莫桑比克	Associaçao de Empresas Moçambicanas de Consultoria (AEMC)
60	Nepal 尼泊尔	Society of Consulting Architectural and Engineering Firms, Nepal
61	Netherlands 荷兰	Nlengineers
62	New Zealand 新西兰	Association of Consulting Engineers New Zealand
63	Nigeria 尼日利亚	Association for Consulting Engineering in Nigeria
64	Norway 挪威	Rådgivende Ingeniørers Forening
65	Pakistan 巴基斯坦	Association of Consulting Engineers Pakistan
66	Palestinian Territory, Occupied 巴勒斯坦	Engineers Association
67	Paraguay 巴拉圭	CámaraParaguaya de Consultores
68	Peru 秘鲁	Asociación Peruana de Consultoría (APC)

序号	国家/地区	协会名称
69	Philippines 菲律宾	Council of Engineering Consultants of the Philippines
70	Poland 波兰	Stowarzyszenie Inzynierów Doradców i Rzeczoznawców（SIDIR）
71	Portugal 葡萄牙	Associação Portuguesa de Projectistas e Consultores
72	Republic of Korea 韩国	Korea Engineering and Consulting Association
73	Republic of Macedonia 马其顿	Association of Consulting Engineers of Macedonia
74	Romania 罗马尼亚	Romanian Association of Consulting Engineers
75	Russian Federation 俄罗斯	National Association of Construction Engineering Consultants（NACEC）
76	Saudi Arabia 沙特阿拉伯	Saudi Council of Engineers
77	Serbia 塞尔维亚	Association of Consulting Engineers in Serbia
78	Singapore 新加坡	Association of Consulting Engineers Singapore
79	Slovakia 斯洛伐克	Slovak Association of Consulting Engineers
80	Slovenia 斯洛文尼亚	National Association of Consulting Engineers of Slovenia
81	South Africa 南非	Consulting Engineers South Africa（CESA）
82	Spain 西班牙	Asociación española de empresas de Ingeniería, Consultoría y Servicios Tecnológicos（TECNIBERIA）
83	Sri Lanka 斯里兰卡	Association of Consulting Engineers, Sri Lanka
84	Sudan 苏丹	Sudanese Engineering and Architecture Consultancy Association
85	Suriname 苏里南	Orde van Raadgevende Ingenieurs in Suriname
86	Sweden 瑞典	Innovationsföretagen—The Federation of Swedish Innovation Companies
87	Switzerland 瑞士	Union S 联合国教科文组织统计所 se des Sociétés d'Ingénieurs Conseils
88	Thailand 泰国	Consulting Engineers Association of Thailand（CEAT）
89	Trinidad and Tobago 特立尼达和多巴哥	Joint Consultative Council for the Construction Industry
90	Tunisia 突尼斯	Association Nationale des Bureaux d'Etudes et desIngénieurs Conseils（ANBEIC）

序号	国家/地区	协会名称
91	Turkey 土耳其	Association of Turkish Consulting Engineers and Architects
92	Uganda 乌干达	Uganda Association of Consulting Engineers
93	Ukraine 乌克兰	Association of Engineers-Consultants of Ukraine
94	United Arab Emirates 阿联酋	Society of Engineers（SOE）
95	United Kingdom 英国	Association for Consultancy and Engineering
96	United Republic of Tanzania 坦桑尼亚	Association of Consulting Engineers Tanzania
97	United States 美国	American Council of Engineering Companies
98	Viet Nam 越南	Vietnam Engineering Consultant Association
99	Zambia 赞比亚	Association of Consulting Engineers of Zambia
100	Zimbabwe 津巴布韦	Zimbabwe Association of Consulting Engineers

数据来源：http://fidic. org/members

表 4-3 FIDIC 合作伙伴

序号	合作伙伴
1	World Bank（WB）
2	African Development Bank（AfDB）
3	Asian Development Bank（ADB）
4	Black Sea Trade and Development Bank（BSTDB）
5	Caribbean Development Bank（CDB）
6	European Bank for Reconstruction and Development（EBRD）
7	Inter-American Development Bank（IADB）
8	Building Workers International（BWI）
9	Council of Europe Bank（CEB）
10	European Investment Bank（EIB）
11	United Nations Environment Programme（UNEP）
12	International Built Environment Initiative（IBEI）
13	Transparency International（TI）

序号	合作伙伴
14	World Trade Organization（WTO）
15	International Standards Organization（ISO）
16	International Water Association（IWA）
17	World Water Council（WWC）
18	World Federation of Engineering Organizations（WFEO）
19	Confederation of International Contractors' Associations（CICA）
20	European International Contractors（EIC）
21	International Union of Architects（UIA）
22	International Bar Association（IBA）
23	International Labour Organisation（ILO）
24	International Tunnelling Association（ITA）
25	International Road Federation（IRF）
26	International Public Transport Association（UITP）
27	International Federation of Municipal Engineers（IFME）
28	International Bridge，Tunnel and Turnpike Association（IBTTA）

数据来源:http://fidic.org/node/6127

（七）亚太工程组织联合会

亚太工程组织联合会(Asia Pacific Association of Engineering Organizations，FEIAP)的最高理事机构为大会,在大会会议之间,联合会的事务应由执行局根据大会规定的政策管理。联合会成员应包括:会员(组织)、区域会员(组织)和准会员(组织)。根据执行委员会的建议,大会可以任命为联合会目标做出重大贡献的名誉研究员。任命为名誉研究员并不因此赋予被任命的人任何权利,也不会施加任何义务。符合条件的会员有两种:亚洲及西太平洋地区经济的专业工程组织、有兴趣支持联邦的目标的经济区域或国际组织。

1. 大会

大会由提名的会员代表、前任主席、主席、副主席和秘书长等组成。如果代表成员无法出席大会,可以向大会另一名成员提供书面代理。

大会的职责包括:任命主席;选举副主席和三名成员为执行委员会成员;任命一个常设秘书处,包括一名秘书长,由一名成员主持,任期五年,应该进行早期审查;任命其认为对联合会工作的行为和管理有必要的任何委员会;审查联合会委员会开展的工作;根据执行委员会的建议,确定成员的年度会费;审查并批准自上次大会常会以来的联合会账户;应执行委员会的要求,审查对"章程"的拟议修正案并通过其批准的修正案。

大会每年举行一次。大会的常会由执行委员会召集。执行委员会可酌情召开特别扩大会议。会议可采用面对面、电话或电子方式进行。

2. 执行委员会

执行委员会应对大会负责。主席、副主席、前任主席和各位代表应来自FEIAP 的不同成员经济体,FEIAP 主席应为执行委员会主席。如果主席无法完成其任期,副主席将在大会批准后担任两年任期和随后两年任期的不足时间。大会可在下次会议上任命新的副主席。在其他情况下,如果成员代表不再能够有效地为执行委员会服务,有关成员可以建议更换。执行委员会组织结构图如图 4-3 所示。

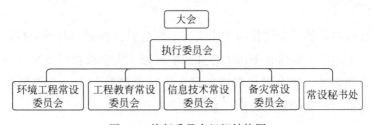

图 4-3 执行委员会组织结构图

执行委员会应向大会提名所有成员,最好在大会提名前三个月提交,由副会长办公室成员和执行委员会其他成员提交。秘书长应对提名提出充分和适当的安排。

执行委员会会议决定应由出席会议的成员以多数票通过。秘书长无权投票。出席的执行委员会的其他每一位成员均有一票,如果票数相等,主席应投决定票。执行委员会的半数或以上表决成员构成法定人数。如果执行委员会的成员无法出席会议,将可能由另一位执行委员会代表出席。在会议形式方面,执行委员会应在必要时和大会每次例会期间举行会议。如果进行面对面会议是不切实际的,执行委员会会议可以通过电话或电子方式进行。

执行委员会的职责包括但不限于:选举 FEIAP 副主席和执行委员会其他成员;审议 FEIAP 成员的申请和推出,并向大会提出建议;审议 FEIAP 成员提交的提案并酌情向大会提出建议;审查秘书长关于 FEIAP 活动和财务的报告,特别是为执行大会决定而采取的措施;监测 FEIAP 的财务业绩;审查活动方案和预算;制定 FEIAP 成员年度订阅的提案,供大会审议;任命审计员对 FEIAP 进行年度财务审计;选择 FEIAP 工程成就奖的获奖者,但不得代表 FEIAP 成员的执行委员会成员参与评估提名或参与提名或选出获奖者;任命审计员根据第 7.9.8 条审查评估和选择过程及结果;确定下届大会会议的日期和地点以及主席批准的其他业务。

3. 秘书处

FEIAP 设常设秘书处,由秘书长领导。秘书长应随时向会员通报执行委员会的重要提议,决定和行动。秘书长还应安排执行委员会会议记录,包括至少在大会每次例会召开前三个月通知联合会每个成员的经审计的账目报表。

4. 工作组

大会或执行委员会可任命工作组。工作组通常在创建时指定特定的任务或任务。工作组一般将在下次大会开始前解散。大会或执行委员会为工作组任命主席和会员。每个工作组应向每个执行委员会和大会会议报告工作进展。工作组的活动计划应由执行委员会或大会批准。

5. 常设委员会

大会或执行委员会酌情设立常设委员会,并应任命主席和成员。常设委员会秘书处应由主席负责。常务委员会通常会有一项特定的任务。每个常设委员会由执行局或大会定期审查(不少于每两年一次)。常设委员会成员任期至其任命两年后的大会结束时为止。执行委员会或大会可延长常设委员会主席和成员的任期。

如果常设委员会主席无法完成其任期,则应任命一名替补主席。如其不再能够有效地为常设委员会服务,有关成员可以提出更换执行委员会。常设委员会的活动方案应由执行委员会或大会批准。常设委员会应向执行委员会和大会报告进展。

三、典型工程师学会和国际工程组织的标准体系

工程师学会和国际工程组织均致力于工程及工程师从业的标准制定。本研究重点关注与工程师培养、工程师注册许可、工程师专业发展等相关的标准内容、特点及应用。

（一）加拿大工程师协会专业工程师的认证

加拿大工程师协会认为工程师的职责是设计优质的产品、工艺和系统来保护环境，提高公众生活质量、健康、安全和福祉。他们不仅管理着处于新兴技术前沿的世界领先公司，在招生和实习方面也发挥着自己的作用，如制定国家指导方针，为监管实践提供建议和开发工具以检查未获认可的工程项目的毕业生水准；协助省和地区工程监管机构制定一致的考试要求；促进合格劳动力的国内和国际流动，确保认证工程项目毕业生的学历得到认可。

1. 工程师认证

只有持有执照的工程师才能在加拿大从事工程实践。拿到执照必须满足五个标准：其一是学术上，申请者需要持有加拿大工程师认可委员会认可的本科课程的工程学位或具有同等资格。其二是工作经验上，申请者需满足在申请执照的省份或地区的工程工作经验要求。其三是职业道德上，通过专业实践考试（PPE），该考试考查申请者对影响工程专业的法律、专业标准以及道德标准和其他主题（如专利、商标和版权）的了解程度。其四是良好品格上，申请人必须表现出良好品格。其五是语言上，申请人必须证明其有能力以英语或法语工作，具体取决于申请执照的省份或地区。

2. 安大略省专业工程师

安大略省专业工程师（PEO）成立于 1922 年 6 月 14 日，是该省专业工程的许可和管理机构。PEO 在《专业工程师法》的授权下运作，通过为工程专业制定和维护高学术、经验和专业实践标准，服务和保护公众利益。获得 PEO 许可的个人是法律允许的唯一在安大略省承担和承担工程工作的人。

PEO 的使命是规范和推进工程实践，维护公共利益，成为专业自律方面值得信赖的领导者。PEO 的核心价值观旨在告知其成员、员工和志愿者在日常活动和互动中的行为。PEO 通过对公众负责来保护公众利益，使 PEO 工作人员和志愿者对他们的行动和决定承担责任，并履行他们承诺的义务，而 PEO 作为一个组织履行其立法和财政义务。员工和志愿者的表现将根据预期时间内的会议目标进行评估。

问责——PEO 通过对公众负责来保护公众利益，使 PEO 工作人员和志愿者对他们的行动和决定承担责任，并履行他们承诺的义务，而 PEO 作为一个组织履行其立法和财政义务。员工和志愿者的表现将根据预期时间内的会议目标进行评估。

尊重——PEO 通过公平的做法和及时的信息交流，向员工、志愿者、申请人、持照人和外部利益相关者表示尊重。反过来，PEO 期望其在服务和保护公共利益方面的监管义务和活动受到利益相关者的尊重。

诚信——PEO 证明了《专业工程师法》与其流程和实践之间的一致性，包括其政策的一致性及其维护许可证诚信的申请，并将坚定和公正地遵守其立法要求，以追求卓越的监管。

专业性——PEO 通过展示能力、公正性和可靠性，以专业的方式与申请人、许可证持有人和外部利益相关者合作。

团队合作——PEO 通过在组织内部、员工和志愿者之间以及与其他参与专业工程实践的机构之间的有效团队合作和协作伙伴关系实现其目标。

（二）英国工程委员会工程师注册认证与管理体系

与德国和法国通行的从经认证的专业毕业即可获得文凭工程师的制度不同，英国的工程教育专业认证和工程师职业资格之间采用的是"准入门槛"与职业资格阶梯相结合的衔接模式。与加拿大工程师协会不同，英国工程委员会并不执行具体的工程教育专业认证和工程师注册工作，而是对下属 35 个不同领域的工程职业学会授予许可，由各学会根据自身行业特色制定补充细则和针对性标准，并执行该领域内的具体认证和工程师注册管理工作，如表4-4所示[①]。

---

① 郑娟，王孙禺.英国硕士层次工程教育专业认证制度探讨[J].高等工程教育研究,2015(1)：83-90.

表 4-4 英国工程专业学会一览①

学会	注册类别			
	特许工程师 CEng	技术工程师 IEng	工程技术员 EngTech	信息通信技术员 ICTTech
BCS,特许信息技术学会(BCS)	√△	√△		
英国非破坏性测试学会(BINDT)	√	√	√○	
特许建筑服务工程师学会(CIBSE)	√△	√△	√○	
特许高速公路和运输学会(CIHT)	√△	√△	√○	
特许管道和暖气工程师学会(CIPHE)		√	√○	
特许水和环境管理学会(CIWEM)	√	√	√○	
能源学会(EI)	√△	√△	√○	
农业工程师学会(IAgrE)	√△	√△	√○	
土木工程师学会(ICE)	√△	√△	√○	
化学工程师学会(IChemE)	√△	√△	√○	
铸造金属工程师学会(ICME)	√	√	√○	
工程设计师学会(IED)	√△	√△	√○	
工程和技术学会(IET)	√△	√△	√○	√○
防火工程师学会(IFE)	√△	√△	√○	
燃气工程师和管理者学会(IGEM)	√△	√△	√○	
高速公路工程师学会(IHE)	√△	√△	√○	
医疗工程和物业管理学会(IHEEM)	√	√	√○	
照明工程师学会(ILP)	√	√	√○	
海事工程、科学和技术学会(IMarEST)	√△	√△	√○	
机械工程师学会(IMechE)	√△	√△	√○	
测量和控制学会(InstMC)	√△	√△	√○	
皇家工程师学会(InstRE)	√	√	√○	
声学学会(IOA)	√	√		

---

① Engineering Council. Pocket Guide To Professional Registration for engineers and technicians 2016. http://www. engc. org. uk/engcdocuments/internet/website/Pink% 20Book% 202016. pdf).

续表

学会	注册类别			
	特许工程师 CEng	技术工程师 IEng	工程技术员 EngTech	信息通信技术员 ICTTech
材料、矿物和采矿学会(IOM3)	√△	√△	√○	
物理学会(IOP)	√△			
医学物理和工程学会(IPEM)	√△	√△	√○	
铁路信号工程师学会(IRSE)	√	√	√○	
结构工程师学会(IStructE)	√△	√△	√○	
水学会(Institute of Water)	√	√	√○	
核学会(NI)	√	√	√○	
皇家航空学会(RAeS)	√△	√△	√○	
皇家海军建筑师学会(RINA)	√△	√△	√○	
环境工程师学会(SEE)	√	√	√○	
操作工程师学会(SOE)	√	√△	√○	
焊接学会(TWI)	√△	√△	√○	

注:√—学会可评估候选人的注册;△—学会可认证学术性课程;○—学会可批准资格和专业

工程委员会与其授权的专业学会之间形成了分工合理、衔接有序的二级管理体系,统一管理着英国的工程教育专业认证和工程师的职业资格。管理机构的统一,首先保证了工程教育和职业需求之间的衔接,将工业界对工程人才的需求高效、准确地传达到教育体系内部,从而进一步提升了工程教育的针对性。其次,简化了管理流程和环节,避免了工程教育与工程师职业资格多头管理、九龙治水的局面。最后,认证标准和工程师的职业能力标准均由工程委员会统一制定,由各专业学会进行补充修订,保证了专业认证标准和工程师职业标准之间的有效对接[①]。

英国工程委员会对工程教育专业认证标准是基于工程委员会颁布的《英国工程职业能力标准文件》(*UK Standard For Professional Engineering*

---

① 郑娟,王孙禺.英国工程教育专业认证与工程师职业资格衔接机制研究[J].中国大学教学,2017(2):88-96.

Competence，UK-SPEC），该文件规定了在英国范围内从事工程职业、注册为各类型工程师的标准。

英国的工程教育专业认证是基于学生学习成果产出的标准。过去工程委员会将学习产出分为通用和特殊两类：通用的，适用于所有类型的项目；特殊的，则针对特定的项目。因认证学位类型的不同而呈现出差异化的要求。在工程委员会最新发布的认证手册中，将过去的"通用学习产出"（General Learning Outcomes）整合为五个工程的专门学习领域，再加上"附加通用技能"（additional general skills）。委员会认为工程教育专业认证有六大主要学习领域，如表4-5所示。

表 4-5　英国工程委员会（EngC）的六大学习领域[1]

序号	内容
1	科学与数学
2	工程分析
3	设计
4	经济、法律、社会、伦理和环境背景
5	工程实践
6	附加通用技能

英国共有四类工程职业资格：特许工程师（CEng）、技术工程师（IEng ）、工程技术员（EngTech）和信息通讯技术员（ICTTech）。虽然工程委员会认为在任何一类工程职业中进行注册都能证明一个人的工程能力和承诺受到认可，工程职业资格的分类体现的主要是分工的差异。然而，不论从英国工程职业能力标准文件的要求来看，还是从社会地位、收入水平和从业范围来看，"技术员——技术工程师——特许工程师"都呈现出职业资格阶梯的特征[2]。多种职业晋升渠道，个人职业的发展、经验或其他学习的经历通常都会使一个工程从

---

① Accreditation of Higher Education Programmes third edition，http://www. engc. org. uk/engcdocuments/internet/Website/Accreditation% 20of% 20Higher% 20Education% 20Programmes% 20third% 20edition% 20(1). pdf.

② 韩晓燕，张彦通. 英美注册工程师制度的级别划分研究[J]. 高等工程教育研究，2008(5)：39-42，56.

业人员逐步从工程技术员晋级为技术工程师和特许工程师①,这也是英国工程从业者职业发展的一般路径。

表4-6显示工程委员会明确规定,要想注册为某一类型的工程师或技术员,首先应该取得经相关专业学会认证的相应层次和类型的工程学位。在博洛尼亚进程启动后,英国依据欧洲高等教育资格框架(FQ-EHEA)的规定,将中国原有的高等教育资格进行了整合并明确了与 FQ-EHEA 相对应的资格水平等级②。总体上,在工程师注册所需的教育门槛要求上,较高层次的工程师职业资格需要具备较高的经过认证的教育资格水平;在同一层级的教育资格水平中,通常应用型学位比学术型学位在注册上更具有优势。最高层次的特许工程师则只需具备经过认证的综合型工程硕士学位即可一次性满足注册所需的教育门槛要求。

表 4-6 英国注册工程师和技术员的教育要求③

类型	教育要求	最终要达到的教育资格水平
信息通信技术员	英格兰和北爱尔兰资格和学分框架/国家资格框架水平3 的资格	
	苏格兰学分和资格框架水平6 的资格	
	威尔士学分和资格框架水平3 的资格	
工程技术员	由被许可的工程专业学会核准的高级/现代学徒资格或其他基于工作的学习项目	3(高级学徒)
	爱德思/皮尔森3 级商业与技术教育委员会(BTEC)文凭,或工程和建筑环境领域的延展文凭(Extended Diploma)	
	由被许可的工程学会核准的,不低于资格和学分框架中水平3 或不低于苏格兰学分资格框架中水平6 的工程或建筑领域资格	
	由被许可的工程职业学会核准的相当的资格	

① UK-SPEC,http://www.engc.org.uk/professional-qualifications/standards/uk-spec.

② 袁本涛,郑娟.博洛尼亚进程后欧洲工程教育专业认证的发展研究——以欧洲工程教育认证网络为例[J].清华大学教育研究,2015,36(1):28-33.

③ 根据工程委员会发布的 UK-SPEC(第三版)、ICTTech Standard(第二版)、AHEP Brochure 整理。

类型	教育要求		最终要达到的教育资格水平
技术工程师	经过认证的工程或技术的学士或荣誉学位		6(学士)
	经过认证的 1999 年 9 月前开始的工程或技术的高等国家证书(HNC)、高等国家文凭(HND)		
	1999 年 9 月后开始的高等国家证书(HNC)、高等国家文凭(HND)(如果是 HNC 则应于 2010 年前开始),或一个工程或技术的基础学位	再加未来合适的达到学位(degree)水平的学习	
	由被许可的工程学会核准的国家职业资格水平 4(NVQ4)或苏格兰职业资格水平 4(SVQ4)		
特许工程师	经过认证的综合型工程硕士学位(integrated MEng)		7(硕士)
	经过认证的工程或技术的荣誉学士学位[Bachelors(Honours)]	再加一个被许可的学会认证的合适的硕士学位或工程博士学位(EngD),或未来合适的硕士水平的学习	

英国通过整合高等教育资格框架和确立工程职业资格阶梯,并利用工程师注册时的教育门槛要求,在工程教育专业认证和工程师职业资格之间构建起了紧密衔接关系,工程教育专业认证为保障注册工程师必备的知识和理解服务,工程师的职业资格又反映出其理应具备的教育基础。这一衔接体系为各类型和层次的工程专业毕业生提供了成为注册工程师或技术员的通道,也为工程从业者的职业发展和继续教育带来了动力,指明了方向[①]。

对于不具备经认证专业学位资格的申请人,一方面可以通过全职或兼职的方式在未来的进修中获得符合要求的学位,另一方面工程委员会也为其保留了注册的"特殊通道",即申请个别路线评估(Individual Route assessment),由申请者所属的专业学会对申请人的先前学习和当前表现进行评估,考核其是否达到了申请注册所应具备的知识和理解,并与其他具备经认证专业学位

---

① 郑娟,王孙禺. 英国硕士层次工程教育专业认证制度探讨[J]. 高等工程教育研究,2015,(1):83-90.

资格的申请人达到了相同的知识和理解水平①。具体选择哪种方式最为适合，申请人可向所属学会进行咨询。

以工程委员会下属的高速公路和运输特许学会(Chartered Institution of Highways & Transportation, CIHT)为例，想要申请注册成为一名工程师，首先需要提交一个初步评估的申请，如表 4-7 所示，申请者根据自身所获得的学位资格，有两条路线可以选择：如具备工程委员会要求的经认证专业的相应工程学位，可遵循标准路线；如不具备，则 CIHT 会考虑对其使用个别路线评估，而申请者必须清楚地证明已获得与走标准路线的申请者相同的知识和理解水平。具体的证明方法包括：撰写技术报告或进一步的学习报告，以证明对工程原则的认识和理解；进一步的学术性学习；在工作场所环境中的具体学习等。

表 4-7 高速公路和运输特许学会职业注册路线②

标准路线	个别路线	
基准标准		
教育基础完全符合要求	教育基础部分符合要求	教育基础需被证明
	可选择进一步学习的报告以完成教育等效	可选择技术报告以证明教育等效
	按照基准标准评估非认证的正式学习	按照基准标准评估工作基础的证据：个人履历，简要职业历史，概要，导师细节
	提交详细的报告以供评估	提交详细的报告
		参加技术面试
个人职业发展		
附加 在职的个人职业发展 如何作为工程师发展自己的能力和承诺		
最终阶段		
附加 职业审查过程以评估职业能力和承诺 提交证据组合(portfolio of evidence)，参加职业审查面试		
顺利完成后，申请者可注册为一名合格的工程师		

---

① UK-SPEC，http://www.engc.org.uk/professional-qualifications/standards/uk-spec.

② Engineering Technician ｜ CIHT[EB/OL]．[2020-09-22]．https://www.ciht.org.uk/professional-development/get-qualified/engineering-technician/.

当申请者的教育基础经过 CIHT 的评估和批准后,即可进入下一步的"职业审查"(Professional Review)阶段。这一阶段需提交组合证据并参加专业评审面试,以证明申请者已经达到了由工程委员会设置的工程师能力标准①。

(三) 印度工程师学会的通用标准

为提高工程教育质量,使毕业生满足工程师职业本土化和国际化发展的需求,印度工程师学会(Institution of Engineers, India)2009 年代表印度加入国际工程师协议;2007 年 6 月 20 日在美国华盛顿召开的第八届国际工程联盟大会上,国家认证委员会(National Board of Accreditation, NBA)代表印度被正式接纳为"华盛顿协议"预备成员,2014 年 6 月 13 日成为正式成员。

1. 印度工程委员会

印度工程委员会(Engineering Council of India, ECI)成立于 2002 年 4 月 4日,是一个以联盟的形式注册的非营利组织,通过把大量的印度工程师的专业组织/机构工作聚在一起,促进工程各学科专业的发展,加强社会工程师的形象,关注工程师的质量和问责。目前,印度有 32 个工程专业协会/机构作为成员,几乎代表了所有的工程专业。

ECI 的目标是代表政府及非政府机构的会员协会,就与工程专业有关的共同政策事宜进行交流;致力成立法定工程师委员会并与之联络,为工程师注册制度及程序、持续专业进修及职业道德守则的制订提供支持及意见;协助会员协会注册工程师;协助发展内部制度,以进行注册、持续专业进修、执行道德守则;提供专业论坛支援会员协会;提供论坛以便会员协会就重要事项交换资料和经验、协调、共同思考和意见;协助分析现有的教育制度/机构,并提出建议,使教育与工程专业及就业有关;设立工程师资源中心及资料库,提供专业发展所需的资料;与其他国家的专业协会/机构及国际机构进行交流;承担和支持工程专业发展的研究工作。

2. 印度国家认证委员会

印度国家认证委员会(NBA)最初由全印度技术教育委员会(AICTE)于

---

① 郑娟,王孙禺. 英国工程教育专业认证与工程师职业资格衔接机制研究[J]. 中国大学教学, 2017(2):88-96.

1994 年设立,根据 AICTE 委员会推荐的特定规范和标准定期评估技术机构和项目。NBA 从 2010 年 1 月 7 日起作为一个独立的机构存在,其目标是保证教育的质量和相关性,特别是专业和技术学科的课程,覆盖工程与技术、管理、建筑、制药和酒店业。

NBA 的愿景是成为具有国际声誉的认证机构,确保专业教育在质量和相关性方面具有最高的可信度,并符合其利益相关者,即院士、企业、教育机构、政府、行业、监管机构、学生及其家长的期望。

NBA 的使命是提高高等教育的教学质素、自我评核及问责制,协助院校达致学术目标,采用教学方法培养高质素的专业人才,并透过创新及研究,协助院校持续在知识领域做出贡献。NBA 的专业认证程序如图 4-4 所示。

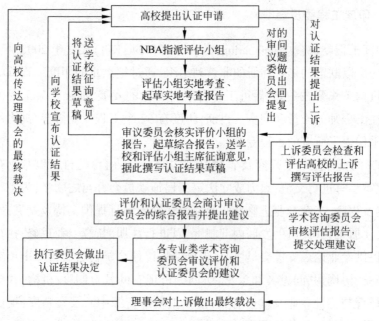

图 4-4　NBA 的专业认证程序①

3. 印度工程师学会

第一次世界大战后,工业化进程不断增加,工程活动在印度取得了积极的

---

① 庄丽君.印度高等工程教育专业认证的特点[J].高教发展与评估,2016,32(1):47-53,120.

成果。维护工程领域的产品和操作的质量成为需要。因此,印度政府成立了一个印度工业委员会,由托马斯·霍兰爵士担任主席。该委员会建议成立一个机构作为一个专业的工程师团体,以确保技术的进步,并在各个生产阶段维护产品的质量。

经过了几次主要工程师会议的讨论,印度工程师协会于 1919 年 1 月 3 日在加尔各答正式成立,随后起草了规则和章程。1919 年 7 月 16 日在西姆拉召开了会议,审议修改和补充条款,并将协会名称改为工程师学会(印度)(IEI)。工程师学会(印度)是促进和推进工程和技术的法定机构,也是最大的多学科专业工程师团体,包括 15 个工程学科,会员超过 82 万。IEI 的总部设在加尔各答,通过一百多个中心和几个海外分会、论坛和组织在全国开展业务。

该机构于 1935 年 9 月 9 日获得"皇家宪章"认可,这是印度工程工业和教育史上的重要事件。"皇家宪章"赋予该机构以促进该机构成员和人员之间工程总体进步的责任。IEI 被科技部政府认定为科学与工业研究组织,除进行研究之外,还向工程学院和大学的 UG／PG／PhD 学生提供资助。

工程师学会(印度)是第一个在几个国际机构中代表印度的专业机构,如世界矿业大会(WMC)、世界工程组织联合会(WFEO)、英联合会工程师理事会(CEC)、国际 du Beton(fib)和南亚和中亚工程机构联合会(FEISCA)。它还与全球多个专业协会签订了双边协议。IEI 在全球国际专业工程师联盟(IntPEA)下持有印度国际专业工程师(IntPE)注册。该机构还保留了专业工程师(PE)认证。

自成立以来,IEI 一直是制定该国工业基础的国家标准的实践者,最终形成印度标准协会(ISI),现称为印度标准局(BIS)。IEI 与 Springer 合作,定期发布五个系列的同行评审国际期刊,涵盖十五个工程学科。获得 IEI 特许工程师证书公司会员可在印度和国外从事工程专业,并有权在支付必要费用后获得特许工程师证书。

会员通过参与 IEI 分享专业知识,发展知识和联系,拓宽职业和专业视野。可在印度任何地方使用 IEI 图书馆设施,以优惠的价格在参加研讨会、参与技术活动(优惠率为 20%)。

特许工程师证书通常用于以下目的:在银行、保险公司等各种金融机构担任估值师和损失评估师;在高等法院、中央消费税和海关以及其他类似的政府关注中担任特许工程师;获得市政公司和类似政府机构的土建工程合同;在外国公司工作和/或晋升;在印度和国外担任顾问。

IEI 致力于促进工程服务的效率和道德实践,并致力于在专业人员中传播有关工程学最新发展的信息,帮助工程专业人员进行计划和结构化的培训计划,参加研讨会探讨专业人员的持续专业发展(CPD)。印度工程师协会会员分类如表 4-8 所示。

表 4-8　印度工程师协会会员分类

Member/Certification category 会员/认证类别	Designatory letters
Fellow 高级会员	FIE
Member 会员	MIE
Associate Member 准会员	AMIE
Member Technologist 技术会员	MTIE
Associate Member Technologist 准技术会员	AMTIE
Chartered Engineer 特许工程师	CEng (India)
International Professional Engineers (International) 国际职业工程师	Int PEng (India)
Professional Engineers 职业工程师	PEng (India)

（四）南非工程委员会工程师通用标准

南非工程委员会(Engineering Council of South Africa,ECSA)与自发的志愿组织一样,是法定的职业组织,目标是促进工程实践的职业化,但有不同的视角——ECSA 关注公共安全、健康和利益,而志愿协会更关注自己成员的利益(即从业者)。

ECSA 对于专业的促进途径是制定和维护教育(认证)标准、实际培训和专业正规教育。活动目的是确保达到以下职业行为标准:R2/1A 工程师政策说明;R2/1B 技术专家政策说明;R2/1D 认证工程师政策说明;R2/1C 技术员政策说明;R2/1F 电梯检查员政策说明;R2/1J 起重机械检查政策说明。

ECSA 为每个注册者设置标准并对实施进行维护,为此告知公众并发表声明,接受同行审查。经济利益或自身成就只是注册的副产品,而不是主要大多数注册者注册的主要目的。

（五）国际电气工程师学会通用标准

国际电气工程师学会（IEEE）是一个致力于促进创新和技术卓越以造福人类的协会，是世界上最大的技术专业协会。它旨在为涉及电气、电子和计算领域各方面的专业人员以及构成现代文明基础的科学和技术相关领域提供服务。

IEEE 的起源可以追溯到 1884 年，当时电力开始成为社会的主要影响。IEEE 是代表电气和电子工程师的协会，成员由工程师、科学家和相关专业人员组成。除了 IEEE 的电气和电子工程核心人员，还包括计算机科学家、软件开发人员、信息技术专业人员、物理学家、医生以及许多其技术人才。在随后的几十年里，在 IEEE 的支持下，这些技术的社会作用继续在世界各地传播，并延伸到生活中越来越多的领域。作为 IEEE 前身机构的专业团体和技术委员会演变成了 IEEE 协会。到 21 世纪初，IEEE 为其成员和利益服务于 39 个社会团体；130 个期刊、交易和杂志；每年 300 多个会议；900 个现行标准。

随着科技技术的快速发展，计算机从大型主机发展到台式机，再发展到便携式设备，通过铜线、微波、卫星或光纤连接到全球网络。IEEE 的领域远远超出了电气和电子工程和计算领域，扩展到诸如微和纳米技术、超声波、生物工程、机器人、电子材料等领域。电子设备无处不在，从喷气式驾驶舱到工业机器人再到医学成像，无所不包。2010 年，IEEE 在 160 个国家拥有 395000 多名成员。通过地理单位、出版物、Web 服务和会议的全球网络，IEEE 成为世界上最大的技术专业协会。

截至 2018 年 12 月 31 日[①]，IEEE 有来自 160 个国家的超过 422000 名会员，其中超过 50% 来自美国以外的国家；超过 12000 名学生会员；覆盖全球 10 个地理区域的 339 个点；100 多个国家的大学和学院的 3285 个学生分支机构；IEEE 技术协会有 2266 学生分会、543 个合作组（IEEE 合作组是一个或多个部分或一个委员会的非技术子单元）。IEEE Xplore©数字图书馆中有 450 多万份文档，每月下载量超过 800 万次。IEEE 有超过 1250 个现行标准和 700 多个正在开发中的标准，出版约 200 份会报、期刊和杂志，在 103 个国家主办了 1900 多场会议。

---

① 该数据 2018 年 12 月 31 日，每年 IEEE 均更新数据。

IEEE 共分为四类会员：专业类（professional）、学生类（student）、社会组织成员类（society membership）、其他群体类（other groups）[①]。IEEE 会员资格依次是学生会员、从属会员、非正式成员、高级会员等级、同级、终身会员。

技术委员会是协会工作组的技术团体，支持有利于所有会员的活动。目前有七个技术委员会：生物识别委员会、电子设计自动化委员会、纳米技术委员会、传感器委员会、超导委员会、系统委员会、射频识别委员会。[②]

IEEE 围绕特定的技术挑战或前沿主题领域进行开发，所覆盖的范围包括多学科主题或新兴概念，共计 20 个：大数据社区、区块链社区、脑群落、云计算社区、网络安全社区、数字现实社区、创业交流社区、环境工程界、未来网络社区、全球地球观测系统共同体、物联网社区、生命科学界、重新启动计算社区、智慧城市社区、智能电网社区、软件定义的网络社区、可持续 ICT 社区、共生自治系统群落、技术伦理社区、交通电气化社区。

IEEE 标准的开发使用了一个经过时间测试、有效和可信的过程，该过程在图 4-5 的六阶段生命周期图中很容易解释。

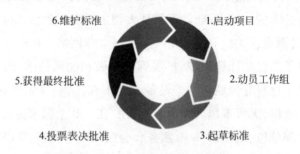

图 4-5　IEEE 六阶段生命周期

国际咨询工程师联合会的通用标准主要涉及：航空电子、天线和传播、电池组、计算机技术、消费电子产品、词典、电磁兼容性、绿色清洁技术、医疗保健 IT、行业应用、仪表和测量、纳米技术、国家电气安全规范、核动力、功率和能量、智能电网、软件与系统工程、交通运输、有线和无线通信。

国际咨询工程师联合会（FIDIC）代表全球 100 多个国家的 100 多万工程

---

① IEEE—Learn About IEEE Membership ［EB/OL］. ［2020-02-22］. https://www.ieee.org/membership/join/index.html.

② IEEE Technical Councils［EB/OL］. ［2020-02-22］. https://www.ieee.org/communities/societies/about-technical-councils.html.

专业认识和 40000 家公司,愿景是作为咨询工程行业的全球代言人促进世界的可持续发展。FIDIC 使命是与利益相关方密切合作改善商业环境,使会员能够为现在及未来的世界创造更美好的生活。FIDIC 支持世界可持续发展,是公认的咨询工程行业的代表。

FIDIC 面临着很多机遇和挑战,首席执行官在 2017—2018 年报中指出,理事会制定了战略计划。FIDIC 决定的事项包括:切实有效的领导咨询和工程行业,加强 FIDIC 在整体建设领域的地位,更加有效地联系和支持会员,适应和改善联合会的治理情况,创新秘书处的方式以提高效率等。

FIDIC 按照地区分组:非洲成员协会 FIDIC 集团和 FIDIC 亚太成员协会。此外,FIDIC 还与欧洲工程咨询协会联合会和泛美顾问联合会/泛美咨询公司等团体进行密切合作。

FIDIC 工程师的分类如表 4-9 所示,其在中国的认证咨询工程师项目是 FIDIC 世界第一个 FIDIC 认证咨询工程师项目。该项目由 CNAEC 与北京大学合作开展。2016 年 7 月,来自全国的 512 名学生结束了 2 年课程,参加第一届 FCCE 考试。2017 年 7 月,共有来自全国的 467 名考生在北京、武汉和广州同时参加考试。目前,共有 979 名学员获得了 FIDIC 主席签署的 FCCE 证书。该项目获得中国国务院的批准,表明了中国对 FIDIC 品牌及其知识体系的认可。

表 4-9　FIDIC 工程师的分类①

序号	工程师类别	序号	工程师类别
1	Aeronautical Engineering 航空工程	9	Civil Engineering 土木工程
2	Agricultural Engineering 农业工程	10	Computer Engineering 计算机工程
3	Architectural Engineering 建筑工程	11	Design Engineering 设计工程
4	Audio Engineering 音响工程	12	Electrical Engineering 电气工程
5	Automotive Engineering 汽车工程	13	Electronic Engineering 电子工程
6	Biomedical Engineering 生物医学工程	14	Environmental Engineering 环境工程
7	Chassis Engineering 底盘工程	15	Forensic Engineering 司法工程
8	Chemical Engineering 化学工程	16	Industrial Engineering 工业工程

① FIDIC | What is an Engineer? | International Federation of Consulting Engineers[EB/OL].[2024-02-22]. https://fidic.org/node/5504.

续表

序号	工程师类别	序号	工程师类别
17	Manufacturing Engineering 制造工程	23	Ocean Engineering 海洋工程
18	Marine Engineering 海洋工程	24	Petroleum Engineering 石油工程
19	Mechanical Engineering 机械工程	25	Software Engineering 软件工程
20	Mining Engineering 采矿工程	26	Sound Engineering 声音工程
21	Model Engineering 模型工程	27	Structural Engineering 结构工程
22	Nuclear Engineering 核工程		

根据 FIDIC 协会会员和员工报告的员工人数显示,FIDIC 在全球范围内有超过 100 万的咨询工程师,具体数据如下表 4-10 所示。

表 4-10　FIDIC 咨询工程师人数①

序号	国家/地区	协会名称	报告人数
1	Albania 阿尔巴尼亚	Albanian Association of Consulting Engineers	500
2	Australia 澳大利亚	Consult Australia	26735
3	Austria 奥地利	Austrian Consultants Association	4159
4	Azerbaijan 阿塞拜疆	National Engineering Consultancy Society of Azerbaijan	353
5	Bahrain 巴林	Bahrain Society of Engineers	110
6	Bangladesh 孟加拉国	Bangladesh Association of Consulting Engineers	700
7	Belgium 比利时	Organisation des Bureaux d'Ingenieurs-Conseils, d'Ingenierie et de Consultance	3800
8	Bosnia and Herzegovina 波黑	Association of Consulting Engineers of Bosnia andHerzegowina	715
9	Botswana 博茨瓦纳	Association of Consulting Engineers Botswana	638
10	Brazil 巴西	Associação Brasileira de Consultores de Engenharia	26713
11	Bulgaria 保加利亚	Bulgarian Association of Consulting Engineers and Architects	500

---

① FIDIC ｜ FIDIC consulting engineering professionals in the world ｜ International Federation of Consulting Engineers[EB/OL]. [2024-02-22]. https://fidic. org/node/10134.

续表

序号	国家/地区	协会名称	报告人数
12	Canada 加拿大	Association of Canadian Engineering Companies	37957
13	Chile 智利	Asociación de Empresas Consultoras de Ingeniería de Chile	550
14	China 中国	China National Association of Engineering Consultants	22500
15	China, Hong Kong 中国香港特别行政区	Association of Consulting Engineers of Hong Kong, China	7142
16	China, Taiwan 中国台湾地区	Chinese Association of Engineering Consultants	3289
17	Colombia 哥伦比亚	CámaraColombiana de la Infraestructura (CCI)	550
18	Côte d'Ivoire 科特迪瓦	Chambre Nationale desIngénieurs Conseils et Experts du Génie Civil	550
19	Croatia 克罗地亚	Croatian Association of Consulting Engineers	231
20	Cyprus 塞浦路斯	Cyprus Association of Civil Engineers (CYACE)	100
21	Czech Republic 捷克	Czech Association of Consulting Engineers	1677
22	Denmark 丹麦	Foreningen af Rådgivende Ingeniører	12388
23	Dominican Republic 多米尼加	Asociacion de Ingenieria y consultoria Dominicana	500
24	Ecuador 厄瓜多尔	Asociación de Compañias Consultoras del Ecuador	1468
25	Estonia 爱沙尼亚	Estonian Association of Architectural and Consulting Engineering Companies	612
26	Finland 芬兰	Finnish Association of Consulting Firms	10336
27	France 法国	CINOV—Fédération dessyndicats des métiers de la prestation intellectuelle du Conseil, de l'Ingénierie et du Numérique / SYNTEC Ingénierie	40072
28	Germany 德国	Verband Beratender Ingenieure	31684
29	Ghana 加纳	Ghana Consulting Engineers Association	660
30	Greece 希腊	Hellenic Association of Consulting Firms	400
31	Hungary 匈牙利	Association of Hungarian Consulting Engineers and Architects	1995
32	Iceland 冰岛	Félag Rádgjafarverkfræðinga	1070

续表

序号	国家/地区	协会名称	报告人数
33	India 印度	Consulting Engineers Association of India	14926
34	Indonesia 印度尼西亚	National Association of Indonesian Engineering Consultants	1472
35	Islamic Republic of Iran,伊朗	Iranian Society of Consulting Engineers	2200
36	Ireland 爱尔兰	Association of Consulting Engineers of Ireland	1608
37	Israel 以色列	Israeli Organization of Consulting Engineers and Architects	1538
38	Italy 意大利	Sindacato Nazionale Ingegneri e Architetti Liberi Professionisti Italiani/Associazione delle Organizzazioni di Ingegneria, di Architettura e di Consulenza Tecnico Economica	10489
39	Japan 日本	Engineering and Consulting Firms Association, Japan	6600
40	Jordan 约旦	Jordan Architects and Consulting Engineers Council	300
41	Kazakhstan 哈萨克斯坦	Kazakhstan National Association ofProffessional Engineers and Consultants	588
42	Kenya 肯尼亚	Association of Consulting Engineers of Kenya	1336
43	Korea, Republic of 韩国	Korea Engineering and Consulting Association	6123
44	Kuwait 科威特	Union of Kuwaiti Engineering Offices and Consultant Houses	550
45	Latvia 拉脱维亚	Latvian Association of Consulting Engineers	280
46	Lebanon 黎巴嫩	Lebanese Association of Consulting Engineers	923
47	Lithuania 立陶宛	Lithuanian Association of Consulting Companies	1032
48	Luxembourg 卢森堡	Ordre des Architectes et des Ingénieurs-conseils, d'Ingénierie et de Consultance	2059
49	Republic of Macedonia,马其顿	Association of Consulting Engineers of Macedonia	500
50	Malawi 马拉维	Association of Consulting Engineers of Malawi	109
51	Malaysia 马来西亚	Association of Consulting Engineers Malaysia	1132

续表

序号	国家/地区	协会名称	报告人数
52	Mali 马里	Ordre Ingenieurs Conseils Du Mali（OICM）	185
53	Mauritius 毛里求斯	Association of Consulting Engineers，Mauritius	550
54	Mexico 墨西哥	CámaraNacional de Empresas de Consultoría de México	4438
55	Moldova 摩尔多瓦	Association of Consulting Engineers in Republic of Moldova（ARMIC）	500
56	Mongolia 蒙古	Mongolian Road Association	500
57	Montenegro 黑山	Association of Consulting Engineers of Montenegro	1011
58	Morocco 摩洛哥	FédérationMarocaine du Conseil et de l'Ingénierie	1200
59	Mozambique 莫桑比克	Associaçao de Empresas Moçambicanas de Consultoria（AEMC）	1187
60	Nepal 尼泊尔	Society of Consulting Architectural and Engineering Firms，Nepal	92
61	Netherlands 荷兰	Nlengineers	10769
62	New Zealand 新西兰	Association of Consulting Engineers New Zealand	9387
63	Nigeria 尼日利亚	Association for Consulting Engineering in Nigeria	2083
64	Norway 挪威	Rådgivende Ingeniørers Forening	10159
65	Pakistan 巴基斯坦	Association of Consulting Engineers Pakistan	2410
66	Palestinian Territory，Occupied 巴勒斯坦	Engineers Association	546
67	Paraguay 巴拉圭	CámaraParaguaya de Consultores	550
68	Peru 秘鲁	Asociación Peruana de Consultoría（APC）	500
69	Philippines 菲律宾	Council of Engineering Consultants of the Philippines	1906
70	Poland 波兰	Stowarzyszenie Inzynierów Doradców i Rzeczoznawców（SIDIR）	373
71	Portugal 葡萄牙	Associaçâo Portuguesa de Projectistas e Consultores	2120
72	Romania 罗马尼亚	Romanian Association of Consulting Engineers	1830
73	Russian Federation 俄罗斯	Russian Association of Engineering Consultants（RAEC）/ National Association of Construction Engineering Consultants（NACEC）	10243

续表

序号	国家/地区	协会名称	报告人数
74	Saudi Arabia 沙特阿拉伯	Saudi Council of Engineers	1247
75	Serbia 塞尔维亚	Association of Consulting Engineers in Serbia	643
76	Singapore 新加坡	Association of Consulting Engineers Singapore	478
77	Slovakia 斯洛伐克	Slovak Association of Consulting Engineers	334
78	Slovenia 斯洛文尼亚	National Association of Consulting Engineers of Slovenia	350
79	South Africa 南非	Consulting Engineers South Africa（CESA）	24366
80	Spain 西班牙	Asociación española de empresas de Ingeniería, Consultoría y Servicios Tecnológicos（TECNIBERIA）	7416
81	Sri Lanka 斯里兰卡	Association of Consulting Engineers, Sri Lanka	228
82	Sudan 苏丹	Sudanese Engineering and Architecture Consultancy Association	582
83	Suriname 苏里南	Orde van Raadgevende Ingenieurs in Suriname	172
84	Sweden 瑞典	SvenskaTeknik & Designföretagen	15050
85	Switzerland 瑞士	Union S 联合国教科文组织统计所 se des Sociétés d'Ingénieurs Conseils	9500
86	United Republic of Tanzania,坦桑尼亚	Association of Consulting Engineers Tanzania	731
87	Thailand 泰国	Consulting Engineers Association of Thailand（CEAT）	112
88	Trinidad and Tobago 特立尼达和多巴哥	Joint Consultative Council for the Construction Industry	550
89	Tunisia 突尼斯	Association Nationale des Bureaux d'Etudes et desIngénieurs Conseils（ANBEIC）	500
90	Turkey 土耳其	Association of Turkish Consulting Engineers and Architects	2103
91	Uganda 乌干达	Uganda Association of Consulting Engineers	562
92	Ukraine 乌克兰	Association of Engineers-Consultants of Ukraine	500
93	United Arab Emirates 阿联酋	Society of Engineers（SOE）	1700

续表

序号	国家/地区	协会名称	报告人数
94	United Kingdom 英国	Association of Consultancy and Engineering	41010
95	United States 美国	American Council of Engineering Companies	536246
96	Viet Nam 越南	Viet Nam Engineering Consultant Association	2750
97	Zambia 赞比亚	Association of Consulting Engineers of Zambia	388
98	Zimbabwe 津巴布韦	Zimbabwe Association of Consulting Engineers	377
		Total	1004353

数据来源：http://fidic.org/node/10134

四、国际工程教育组织合作网络分析

随着科技革命和产业变革的加速推进，国际工程教育顺势进入了新的发展阶段。为推进国际工程教育的发展，不同国家开始采取相应有效的战略措施，组织建立不同行业的工程学会，旨在加强学会行业领域信息的交流，促进国际合作，实现可持续发展。

在对国际工程教育发展的趋势与挑战、典型工程师学会和国际工程组织的研究基础之上，本章内容重点探讨了国际工程教育战略合作网络的现状与拓展，特别是工程教育组织间的研究合作内容及形式展开更为详细的分析。本部分主要以国际工程联盟（IEA）、世界工程组织联合会（WFEO）、电气电子工程师学会（IEEE）、国际咨询工程师联合会（FIDIC）、亚太工程组织联合会（FEIAP）这五个最为活跃的工程国际组织为调查对象，分析国际工程教育组织的地域分布，研究合作机制。

（一）国际工程教育组织成员国家

国际工程教育组织自成立后，越来越多的国家加入其中，国际工程教育合作愈加密切、交流也愈加频繁。研究国际工程教育组织成员国，有助于了解当前该国际组织的成员国数量与地理分布。

1. IEA 国际工程联盟

国际工程联盟是一个全球性的非营利组织，由来自 27 个国家的 36 个辖区的成员组成。该组织成员协商制定 7 个国际协议，不同的国家可以加入不同的协议。在地理分布上，IEA 协议会员主要分布在环太平洋附近，在该区域密集度比较高，少数分布在欧洲、美洲、非洲和大洋洲，且国家最多不超过 4 个。整体而言，国际工程联盟国家主要以亚洲国家为主。

2. WFEO 世界工程组织联合会

世界工程组织联合会是一个极具影响力的国际非政府组织。其组织成员分布比较广泛，遍布美洲、非洲、欧洲、亚洲，进一步分析可得，其组织成员在南美洲多是分布在沿海一带；在欧洲国家分布最为集中，尤以地中海沿岸最为突出；在非洲的成员分布主要是北非、南非和西非。整体而言，世界工程组织联合会组织成员国数量较多且分布广泛。

3. FIDIC 国际咨询工程师联合会

国际咨询工程师联合会组织成员国家主要分布在欧洲、非洲、亚太地区，但在美洲分布较少。FIDIC 与欧洲工程咨询协会联合会进行合作交流，分布在欧洲的组织成员比较集中。整体而言，主要分布在大西洋和印度洋附近。

4. FEIAP 亚太工程组织联合会

亚太工程组织联合会是一个区域性的国际组织。由于 FEIAP 区域性组织原因，大部分国家分布在环太平洋，而极少部分国家分布在欧洲与非洲，不超 5 个国家。在环太平洋国家中，亚洲国家参与 FEIAP 组织的组成比例最大，东亚、东南亚区域分布密度最大。总体来说，FEIAP 的成员国分布带有强烈的区域性特点，但同时也具有包容性。

（二）国际工程教育组织管理部门人员国籍

在国际工程教育组织担任管理人员是某一国家或地区传播工程教育理念有效方式之一，也是扩大国家工程教育影响力的途径之一。国际工程教育组织管理部门的人员国籍分布一定程度上反映出国家工程教育在国际工程教育中的话语权。

1. IEA 国际工程联盟

国际工程联盟是一个全球性的非营利组织，其执行委员会人员国籍在美国、加拿大、欧洲、非洲、亚洲以及大洋洲都有零散分布。相对而言,分布在欧洲的人员比较集中。从整体分析,以欧洲国家和东南亚国家分布比较集中,且该组织分布比较广泛,正体现了其全球性的组织特性。

2. FIDIC 国际咨询工程师联合会

国际咨询工程师联合会管理人员的国籍,主要集中在欧洲、北美洲一带,非洲亚洲以及南美一带有零散分布。整体而言,国际咨询工程师联合会管理层主要分布在欧洲一带,密度比较大且分布最为集中。

3. FEIAP 亚太工程组织联合会

亚太工程组织联合会管理人员国籍主要集中在亚洲国家,并集中分布在环太平洋地区,在其他国家基本没有分布。从整体而言,该组织管理人员的国籍主要分布在亚洲附近国家,分布不广泛。第一,国际工程教育组织可划分为区域性国际工程教育组织与全球性国际工程教育组织。区域性国际工程教育组织带有鲜明的地区特色,全球国际工程教育组织的国家分布更为广泛;第二,从数量上看,全球性工程教育组织成员国数量明显多于区域性国际工程教育组织;第三,不同组织国际化合作与交流日益加深,顺应时代潮流,推动了国际区域组织内部之间的共建共赢共享。第四,未来国际化将朝着更深更广的研究领域和方向迈进。

第五章　国际工程教育研究合作网络分析

一、合作网络分析方法

社会网络是由一个或多个关系连接的一组具有社会相关性的点。社会网络分析(social network analysis)是对社会网络中各种关系结构及其属性加以分析的理论与方法。社会网络分析的主要目的是探查和分析行动者之间的社会纽带的模式。本研究主要对国际工程教育研究合作网络进行中心性分析、核心—边缘结构分析、结构洞分析、网络密度分析,等等。

中心性是用来衡量一个行动者在社会网络结构重要性的指标,拥有高中心性的行动者一般是该网络中主要的中心人物,拥有较大影响力。依据计算方式,中心性又分为三种,即点度中心性、接近中心性和中介中心性。对一个顶点来说,它的点度中心性就是该顶点的点度,即直接连接该点的顶点数量。接近中心性是其他顶点数除以该顶点到其他顶点的距离之和。中介中心性是在网络中所有其他顶点之间的测地线中,经过该顶点的测地线所占的比例①。

网络密度是指行动者之间实际联结的数目与他们之间可能存在的最大联结数目的比值。比值越高,这一网络的联结密度就越大,同时也代表团队成员之间互动关系越多。密度高的网络中的网络成员信息交流充分,传播速度快,有助于网络成员形成团体规范。但与此同时高密度也意味着信息冗余度较高。

核心—边缘结构是由若干元素相互联系构成的一种中心紧密相连、外围

---

① [荷兰]沃特·德·诺伊,等. 蜘蛛:社会网络分析技术[M]. 林枫,译. 北京:世界图书出版公司,2014.

稀疏分散的特殊结构。核心—边缘结构分析依据网络中节点间联系的紧密程度,将整个网络分为两个部分,及核心区域与边缘区域,可以此判断各个节点在社会网络中是处于核心还是边缘地位[1]。UCINET"核心—边缘"结构分析被认为是分析现代世界体系理论及依附理论中"核心—半边缘—边缘"与"核心—边缘"结构的具体方法[2]。

结构洞分析。"结构洞"是社会网络中某些个体和有些个体发生直接联系,但与其他个体不发生直接联系,无直接联系或关系间断的现象,从网络整体看,好像网络结构中出现了洞穴。通过结构洞分析可以识别节点在社会网络中掌握资源的程度,以及竞争优势。

本部分研究首先采用文献计量的方式探索国际工程教育研究基本情况。接下来从国家、机构、作者三个层面绘制国际工程教育研究合作网络,用UCINET软件分析研究合作网络。

本研究选取的数据库为 Web of science 核心合集,Web of Science 核心合集是获取全球学术信息的重要数据库,它收录了全球 12400 多种科学、社会科学、艺术和人文科学领域的世界一流学术性期刊、书籍和会议录,还包括完整的引文网络。时间跨度为 2000 年 1 月 1 日—2019 年 11 月 7 日。

为保证数据兼顾齐全与准确度,本研究测试多种检索组合方式(包括主题词、索引、类别),确定以下方式为最优,兼顾文献广度与准确度。检索主题词为" engineering education"。索引设定为社会科学引文索引(SSCI, Social Science Citation Index)、艺术和人文引用索引(A&HCI, Arts&Humanities Citation Index)、社会科学与人文会议论文引用索引(CPCI-SSH, Conference Proceedings Citation Index-social Science&Humanities)、社会科学与人文著作引文索引(BKCI-SSH, Book Citation Index-social Science&Humanities)、科学引用索引扩展 Science Citation Index Expanded (SCI-EXPANDED)、科学会议引用索引 Conference Proceedings Citation Index-Science (CPCI-S)、科学著作引用索引 Book Citation Index-Science (BKCI-S)、Emerging Sources Citation Index (ESCI)。类别设定为教育研究(Education Educational Research)、教育科学学科(Education Scientific Disciplines)、教育心理学(Psychology Educational)等等教育类别。语种限定为英语。为保证文献代表性,将文献类型设定为期刊论文

---

① 刘军. 社会网络分析导论[M]. 北京:社会科学文献出版社,2004.

② 刘军. 整体网分析讲义:UCINET 软件实用指南[M]. 上海:格致出版社,2019.

(article)、综述(review)、著作(book)、会议论文(proceedings paper)。最终获得17318 条记录。

二、国际工程教育研究概述

(一) 文献发表趋势

截至 2019 年 11 月 7 日,国际工程教育研究文献共 17318 篇。从文献年份变化趋势来看,自 2000 年以来,工程教育研究一直处于稳步提升的状态。尤其 2010 年起出现了爆炸式增长,2015 年出现小幅下降,此后又开始回升。2017 年是文献发表数量的高峰,2018 年出现了略微下滑。国际工程教育研究文献发表数量年度变化如图 5-1 所示。

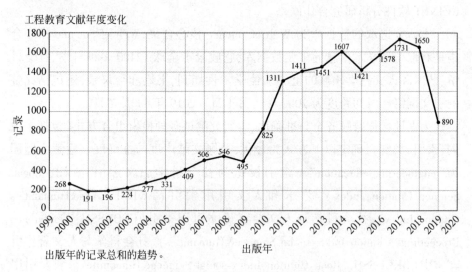

出版年的记录总和的趋势。

图 5-1 国际工程教育研究文献发表数量年度变化

(二) 文献类型占比

从文献类型分析,会议论文是国际工程教育研究成果的主要载体,占据了各类文献中的六成以上(见表 5-1)。值得关注的是,最近 20 年间,工程教育研究的著作只有 11 部,数量相对较少。一般而言,著作相比论文更加全面,且更具有体系。工程教育著作的稀缺也可能表明工程教育研究目前正方兴未艾,还有待进一步发展形成更为完备的知识体系。

表 5-1   各类型文献数量及占比

文献类型	记录	占比/%
会议论文	11218	64.78
期刊论文	6131	35.40
综述	124	0.72
著作	11	0.11

（三）工程教育研究涉及类别与学科

工程教育属于交叉研究领域,如图 5-2 所示,工程教育研究涉及的最主要学科当然是教育学。接下来就是工程学,大约一半的工程教育研究涉及工程学。

图 5-2   工程教育研究涉及的学科

（四）国际工程教育领域会议

学术会议是学术共同体进行交流的重要方式。本研究以 Web of Science 收录工程教育主题会议论文数量为标准,列出了工程教育领域最主要的国际会议。从国际工程会议发起国可以看出,工程教育领域主要国际会议都由欧美国家发起,美国和西班牙是工程教育国际会议的最主要发起国。

从发起组织来看,美国工程教育协会(ASEE)、美国电气工程师协会(IEEE)和国际技术、教育发展学会(IATED)是工程教育领域最为活跃的学术组织。西班牙的两个会议并不是专门的工程教育会议,而是教育技术会议,这也说明教育技术领域会议中有很大比例的研究在关注工程教育。整体来看，工程教育领域学术交流的组织权掌握在欧美国家手中。国际工程教育领域主要会议发起国与发起组织如表 5-2 所示。

表 5-2 国际工程教育领域主要会议发起国与发起组织

序号	会议名称	发起国家	发起组织
1	ASEE Annual Conference	美国	ASEE
2	IEEE Frontiers in Education Conference	美国	IEEE
3	IEEE Global Engineering Education Conference	美国	IEEE
4	International Conference on Technology Education and Development	西班牙	IATED
5	International Conference on Education and New Learning Technologies	西班牙	IATED
6	Annual International Conference of Education Research and Innovation	西班牙	IATED
7	World Engineering Education Forum	美国	IFEES
8	ASEE International Forum	美国	ASEE
9	International Conference on Computer Science and Education	美国	IEEE
10	International Forum on Engineering Education	美国	IFEES

（五）研究基金资助

从基金资助来看,美国国家科学基金(NSF)资助了最多的工程教育研究项目,其资助项目之多超过后面 9 个机构所资助的项目之和,足以看出美国对于工程教育的重视程度。国际工程教育研究资助基金来源如表 5-3 所示。

表 5-3 国际工程教育研究资助基金来源

资助项目数	基金资助机构
899	NATIONAL SCIENCE FOUNDATION(NSF) 美国国家科学基金
95	EUROPEAN UNION(EU) 欧盟

资助项目数	基金资助机构
56	NATIONAL NATURAL SCIENCE FOUNDATION OF CHINA 中国自然科学基金
41	"NATIONAL SCIENCE COUNCIL OF TAIWAN" 台湾科学委员会
39	FEDERAL MINISTRY OF EDUCATION RESEARCH BMBF 德国联合会教育及研究部
39	MINISTRY OF EDUCATION AND SCIENCE SPAIN 西班牙教育与科学部
34	NATIONAL COUNCIL FOR SCIENTIFIC AND TECHNOLOGICAL DEVELOPMENT CNPQ 巴西国家科学技术发展委员会
33	EUROPEAN COMMISSION JOINT RESEARCH CENTRE 欧盟委员会联合研究中心
31	MINISTRY OF SCIENCE AND INNOVATION SPAIN MICINN 西班牙科学创新部
28	MINISTRY OF EDUCATION CULTURE SPORTS SCIENCE AND TECHNOLOGY JAPAN MEXT 日本文部科学省

三、国家和地区合作网络分析

（一）工程教育研究的主要国家和地区

表5-4是各国/地区工程教育研究文献发表数量及被引情况。从文献发表总量来看，美国是研究工程教育的最主要国家，发表的相关文献数量最多，而且和后面的国家相比有非常大的优势。西班牙和中国位居第二、第三，分别有约1762篇和1359篇工程教育研究文献。第四是澳大利亚，第五是英格兰。从前20名的国家/地区来看，以发达国家为主。发达国家以外，中国、马来西亚、墨西哥、印度、南非等国也是GDP近些年增速较快的国家。可以看出工程教育的研究热度和国家的经济发展情况密切相关。

表 5-4　国家/地区工程教育研究文献发表数量及被引情况

序号	国家/地区	文献数量	总被引数	篇均被引数
1	美国	6245	34038	5.45
2	西班牙	1762	4996	2.84
3	中国	1359	1478	1.09
4	澳大利亚	589	2917	4.95
5	英格兰	536	2729	5.09
6	德国	526	866	1.65
7	罗马尼亚	456	326	0.71
8	马来西亚	380	834	2.19
9	土耳其	347	1512	4.36
10	葡萄牙	339	675	1.99
11	加拿大	328	1920	5.85
12	俄罗斯	322	233	0.72
13	印度	299	398	1.33
14	瑞典	272	1040	3.82
15	巴西	257	481	1.87
16	中国台湾	242	1166	4.82
17	墨西哥	235	241	1.03
18	南非	219	746	3.41
19	波兰	175	213	1.22
20	日本	166	265	1.60
21	意大利	154	499	3.24
22	爱尔兰	153	328	2.14
23	芬兰	152	512	3.37
24	希腊	144	272	1.89
25	以色列	128	806	6.30

从总被引情况来看,美国依旧是最多,总被引数高达 34038 次,其次是西班牙,总被引为 4996 次,第三是英格兰,有 2917 次,中国仅排名第六。从篇均被引来看,篇均被引最高的是美国。中国从文献发表总数上来说高居第三,但被引的情况比较一般,篇均被引数为 1.09,在文献发表总量前 10 的国家/地区

中排名倒数第二,仅略优于罗马尼亚,表明中国工程教育研究在国际上的影响力还十分有限。

(二) 国家和地区合作网络

图 5-3 显示的是国际工程教育的国家/地区合作网络,每个圆圈代表一个国家,连线表示两个国家/地区之间有工程教育研究的合作。圆圈大小代表工程教育研究文献的数量,连线数量与连线粗细表示一个国家/地区与其他国家/地区在工程教育研究领域的合作数量,可以体现一个国家/地区在国际合作网络中的连接其他国家/地区的重要程度。

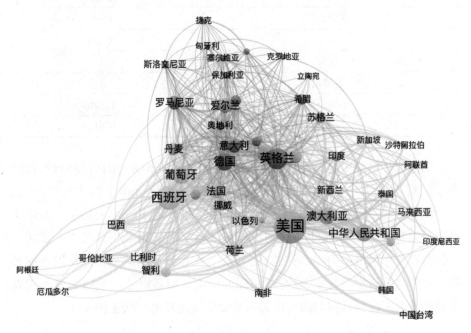

图 5-3 国际工程教育研究国家/地区合作网络

设定阈值为 10 篇,即至少发表 10 篇及以上的国家/地区才能在网络中出现,77 个国家/地区构成合作网络。从文献数量来看,前十名分别是美国、西班牙、中国、澳大利亚、英格兰、德国、罗马尼亚、马来西亚、土耳其、葡萄牙。

采用 UCINET 软件对国家/地区合作网络进行整体网络分析。国家/地区合作网络中有 77 节点,连线 1438 条,即网络中有 77 个国家/地区,共有 1438 对合作关系。节点的平均度数为 18.675,即网络中每个国家/地区平均与约

19个国家/地区产生了工程教育科研合作。网络成分为1,连接度为1,表明网络中77个节点处在一个完全联通的网络,每一个节点都可以通过一定的路径到达另一节点。说明国际工程教育研究从国家层面来看实现了互联互通。工程教育研究国家合作网络整体网指标如表5-5所示。

表5-5 工程教育研究国家合作网络整体网指标

整体网指标	值
节点数	77
连线	1438
平均度数	18.675
度中心势	0.599
密度	0.246
成分	1
连接度	1
平均距离	1.820
紧凑度	0.612

国家合作网络中心性分析。以国家为行动者,在国家/地区国际合作网络中,度中心性的大小可以体现一个国家或地区在国际合作中的活跃程度(见表5-6)。度中心性最高的国家是美国,其次是西班牙,第三是英格兰。对比文献发表总量可以发现,度中心性与文献发表量具有较强的正相关性。说明一个作者在合作网络中的中心性越高,其论文发表数量也就越多。在以往的科研合作网络分析中研究中,也有过同样的结论。栾春娟等(2008)研究发现发明者的专利产出与其拥有的合作关系数量呈现比较明显的正相关性[①]。

表5-6 工程教育研究合作网络的度中心性

序号	国家/地区	度中心性	n度中心性
1	美国	724	0.136
2	西班牙	303	0.057
3	英格兰	261	0.049

---

① 栾春娟,刘则渊,侯海燕.发明者合作网络中心性对科研绩效的影响[J].科学学研究,2008(5):938-941.

序号	国家/地区	度中心性	n 度中心性
4	中国	186	0.035
5	澳大利亚	182	0.034
6	瑞典	177	0.033
7	葡萄牙	172	0.032
8	德国	154	0.029
9	加拿大	116	0.022
10	芬兰	109	0.02
11	罗马尼亚	108	0.02
12	爱尔兰	105	0.02
13	丹麦	96	0.018
14	法国	88	0.017
15	意大利	78	0.015
16	苏格兰	73	0.014
17	巴西	71	0.013
18	荷兰	70	0.013
19	挪威	69	0.013
20	土耳其	67	0.013
21	希腊	64	0.012
22	智利	64	0.012
23	印度	63	0.012
24	马来西亚	58	0.011
25	俄罗斯	55	0.01

工程教育研究合作网络的度中心性如表5-6所示。接近中心性、中介中心性以及结构洞指标最高的还是美国和西班牙。表明美国与西班牙是国际工程教育研究合作网络中的绝对核心。此外,英格兰在度中心性、中介中心性、接近中心性中排名第3,结构洞指标排名第6,说明英格兰在国际工程教育研究合作网络中也掌握了丰富的学术资源。

国际工程教育研究国家/地区合作网络分析如表5-7所示。中国在合作网络中具有很高的度中心性,在77个国家/地区中排名第4,表明中国工程教育研究者与其他国家的作者进行众多研究合作。但在接近中心性和中介中心性的排名则稍微靠后一些,分别为 12 和 14,尤其是在体现掌握资源程度和竞争优势的结构洞指标中,中国排名仅为 53。这说明整体而言,中国在国际工程教育研究合作网络中掌握的学术资源相对较少,所处的地位还不是很高。这一点与中国工程教育研究文献的被引情况是一致的。

表 5-7 国际工程教育研究国家/地区合作网络分析

序号	度中心性	接近中心性	中介中心性	结构洞(限制度)
1	美国	美国	美国	美国
2	西班牙	西班牙	西班牙	西班牙
3	英格兰	英格兰	英格兰	法国
4	中国	葡萄牙	澳大利亚	奥地利
5	澳大利亚	澳大利亚	德国	波兰
6	瑞典	德国	葡萄牙	英格兰
7	德国	瑞典	埃及	罗马尼亚
8	葡萄牙	加拿大	罗马尼亚	保加利亚
9	加拿大	芬兰	加拿大	沙特阿拉伯
10	爱尔兰	罗马尼亚	瑞典	斯洛文尼亚
11	巴西	意大利	俄罗斯	瑞典
12	芬兰	中国	意大利	希腊
13	苏格兰	挪威	法国	芬兰
14	罗马尼亚	荷兰	中国	荷兰
15	法国	奥地利	芬兰	丹麦
16	墨西哥	希腊	挪威	匈牙利
17	意大利	法国	马来西亚	挪威
18	马来西亚	爱尔兰	荷兰	葡萄牙
19	丹麦	丹麦	希腊	塞浦路斯
20	土耳其	俄罗斯	比利时	意大利

依据国家/地区间合作关系的紧密程度,将 77 个国家/地区生成聚类。聚类详情见表 5-8。通过分析合作网络聚类可以发现,具有相同语言、文化,地理位置接近的国家和地区更容易进行工程教育研究合作。

表 5-8　工程教育研究国家/地区合作网络聚类

聚类	国家/地区	特征
1	阿尔及利亚、比利时、埃及、法国、约旦、哈萨克斯坦、科威特、摩洛哥、挪威、阿曼、卡塔尔、俄罗斯、沙特阿拉伯、突尼斯	法语国家、前法国殖民地、西亚北非,地理距离近
2	奥地利、比利时、保加利亚、克罗地亚、塞浦路斯、捷克、匈牙利、以色列、意大利、马其顿、罗马尼亚、塞尔维亚、斯洛伐克、斯洛文尼亚、瑞士	地理距离近,东欧、南欧
3	英格兰、爱沙尼亚、印度尼西亚、伊朗、日本、马来西亚、尼日利亚、巴基斯坦、菲律宾、新加坡、南非、韩国、美国	英语国家、前英国殖民地、环太平洋国家
4	阿根廷、巴西、智利、哥伦比亚、厄瓜多尔、墨西哥、秘鲁、葡萄牙、西班牙、乌拉圭	同语言,西语、葡语国家
5	丹麦、芬兰、德国、爱尔兰、拉脱维亚、立陶宛、新西兰、北爱尔兰、苏格兰、瑞典	地理距离近,西欧、北欧
6	澳大利亚、加拿大、希腊、印度、斯里兰卡、泰国、阿联酋、威尔士	同语言,英联邦国家
7	博茨瓦纳、黎巴嫩、荷兰、波兰、土耳其、乌克兰	地理距离近
8	中国	华语区

核心—边缘结构分析。UCINET 识别出工程教育研究核心国家/地区有 6 个:美国、英格兰、德国、瑞典、西班牙、葡萄牙。其余 71 个国家/地区属于边缘国家。再根据国家/地区合作网络可发现,国际工程教育研究核心地区可以分为三类,即以美国、英格兰代表的盎格鲁·撒克逊国家,以德国、瑞典为代表的西欧、北欧国家,以西班牙、葡萄牙为代表的拉丁语系国家。

四、工程教育研究机构合作网络

(一) 主要研究机构

从论文发表总量来看,工程教育研究领域发文最多的机构是美国普渡大学,2000 年以来的文献高达 602 篇,遥遥领先。值得一提的是,普渡大学于 2004 年成立了世界上第一个工程教育学院,并从 2005 年起开启博士项目,是世界范围内研究工程教育的重镇。第二是弗吉尼亚理工大学,共 225 篇文献。第三是宾夕法尼亚州立大学,280 篇。第四、第五分别是宾州州立大学和亚利桑那州立大学。前 25 为高校中除了西班牙马德里理工大学之外,都来自美国。

从总被引数来看,普渡大学仍然是第一,高达 3246 次。斯坦福大学总被引数第二,高达 2499 次。弗吉尼亚理工大学总被引数紧随其后。从篇均被引来看斯坦福大学和麻省理工学院的论文最高,而且遥遥领先,篇均被引都在 20 次以上,足以说明这两所学校的工程教育研究影响力之大。另外,篇均被引前 24 的机构都是美国的大学。表 5-9、表 5-10 为各大学发表工程教育研究数量及被引情况。

表 5-9　各大学发表工程教育研究数量及被引情况

序号	机构	文献数量	总被引数	篇均被引数
1	普渡大学	602	3246	5.39
2	弗吉尼亚理工大学	225	1551	6.89
3	宾夕法尼亚州立大学	182	1016	5.58
4	亚利桑那州立大学	172	733	4.26
5	马德里理工大学	170	454	2.67
6	德州农工大学	132	1007	7.63
7	华盛顿大学	109	897	8.23
8	科罗拉多大学	109	906	8.31
9	密歇根大学	103	624	6.06
10	爱荷华州立大学	102	314	3.08
11	佐治亚理工学院	98	550	5.61
12	犹他州立大学	90	335	3.72
13	匹兹堡大学	87	868	9.98
14	威斯康星大学	87	902	10.37
15	斯坦福大学	84	2499	29.75
16	华盛顿州立大学	81	301	3.72
17	克莱姆森大学	77	616	8.00
18	弗吉尼亚大学	77	577	7.49
19	俄亥俄州立大学	73	269	3.68
20	明尼苏达大学	72	1135	15.76
21	俄勒冈州立大学	69	352	5.10

续表

序号	机构	文献数量	总被引数	篇均被引数
22	伊利诺伊大学	67	472	7.04
23	密歇根州立大学	66	563	8.53
24	德克萨斯大学奥斯汀分校	66	516	7.82

表 5-10 各大学发表工程教育研究数量及被引情况

序号	机构	文献数量	总被引数	篇均被引数
1	斯坦福大学	29.75	84	2499
2	麻省理工学院	20.48	64	1311
3	明尼苏达大学	15.76	72	1135
4	西北大学	11.27	56	631
5	威斯康星大学	10.37	87	902
6	佛罗里达大学	10.12	49	496
7	匹兹堡大学	9.98	87	868
8	科罗拉多矿业大学	9.81	53	520
9	塔夫茨大学	9.71	48	466
10	卡耐基梅隆大学	8.92	51	455
11	密歇根州立大学	8.53	66	563
12	科罗拉多大学	8.31	109	906
13	华盛顿大学	8.23	109	897
14	罗斯霍曼理工学院	8.13	64	520
15	克莱姆森大学	8.00	77	616
16	德克萨斯大学奥斯汀分校	7.82	66	516
17	德州农工大学	7.63	132	1007
18	弗吉尼亚大学	7.49	77	577
19	佐治亚大学	7.19	53	381
20	伊利诺伊大学	7.04	67	472
21	弗吉尼亚理工大学	6.89	225	1551
22	密歇根大学	6.06	103	624
23	佐治亚理工学院	5.61	98	550
24	宾夕法尼亚州立大学	5.58	182	1016
25	内华达大学	5.56	34	189

（二）机构合作网络

国际工程教育研究整体网分析指标见表 5-11。整体网节点数为 484,连线 5484,即网络中共有 484 所机构,有 5484 对合作关系。平均点度为 11.331,表明平均而言,网络中的每家机构与 11 所左右的机构进行了工程教育研究论文合作。网络密度为 0.023,属于较低的程度,说明整体而言,国际工程教育研究机构之间的合作还不够密切。网络成分为 2,即整个网络包含两个部分。进一步分析可以发现,这两部分分别是普渡大学为核心的机构网络和以瓦伦西亚理工大学为核心的机构网络。网络平均距离为 3.158,任意两所机构间大约可以通过 3 所机构实现联系。

表 5-11 国际工程教育研究机构合作网络整体网指标

整体网指标	值
节点数	484
连线	5484
平均点度	11.331
度中心势	0.236
密度	0.023
成分	2
连接度	0.992
平均距离	3.158
紧凑度	0.351

机构合作网络中心性分析。从度中心性来看,前 20 的高校全部为美国高校,具体情况见表 5-12。普渡大学依然高居榜首,接下来是弗吉尼亚理工大学,第三位的是亚利桑那州立大学。从接近中心性来看,整体来看,机构的中心性与其论文发表数量具有较强的相关性。

从中心性与结构洞指标来看,普渡大学是全球工程教育研究领域绝对的核心,其度中心性、接近中心性、中介中心性、限制度四个指标都排在机构合作网络的第一位。

表 5-12　工程教育研究机构度中心性前 25 名的机构

序号	机构	度中心性	n 度中心度
1	普渡大学	88	0.406
2	弗吉尼亚理工大学	60	0.276
3	亚利桑那州立大学	57	0.263
4	密歇根大学	50	0.23
5	宾夕法尼亚州立大学	46	0.212
6	华盛顿大学	41	0.189
7	德州农工大学	40	0.184
8	爱荷华州立大学	39	0.18
9	伊利诺伊大学	39	0.18
10	明尼苏达大学	39	0.18
11	弗吉尼亚大学	38	0.175
12	科罗拉多大学	37	0.171
13	佐治亚理工学院	36	0.166
14	麻省理工学院	35	0.161
15	罗斯豪曼理工学院	34	0.157
16	科罗拉多矿业大学	31	0.143
17	华盛顿州立大学	31	0.143
18	克莱姆森大学	30	0.138
19	密歇根州立大学	30	0.138
20	西北大学	29	0.134
21	匹兹堡大学	29	0.134
22	俄亥俄州立大学	28	0.129
23	巴克内尔大学	27	0.124
24	斯坦福大学	27	0.124
25	圣地亚哥大学	27	0.124

　　中心性与结构洞指标前 20 中的机构,除西班牙瓦伦西亚理工大学、澳大利亚悉尼大学、葡萄牙波尔图大学、瑞典乌普萨拉大学四所大学之外,全部来自美国。

　　核心—边缘结构分析。UCINET 依据合作网络识别出工程教育研究机构合作网络中 10 所核心机构,分别是普渡大学、弗吉尼亚理工大学、亚利桑那州立大学、克莱姆森大学、科罗拉多矿业大学、德州农工大学、密歇根大学、明尼苏达大学、圣地亚哥大学、华盛顿大学。其余高校属于边缘机构。这 10 所高校均来自美国,可以看出美国高校在工程教育研究合作网络中占据绝对的核心位置。中国机构工程教育研究论文发表及国际合作情况。工程教育研究中心性与结构洞指标前 20 名的机构如表 5-13 所示。

表 5-13　工程教育研究中心性与结构洞指标前 20 名的机构

序号	接近中心性	中介中心性	结构洞(限制度)
1	普渡大学	普渡大学	普渡大学
2	密歇根大学	麻省理工学院	弗吉尼亚大学
3	德州农工大学	瓦伦西亚理工大学	宾州州立大学
4	弗吉尼亚理工大学	密歇根大学	爱荷华州立大学
5	亚利桑那州立大学	宾州州立大学	亚利桑那州立大学
6	爱荷华州立大学	明尼苏达大学	佐治亚理工大学
7	麻省理工学院	爱荷华州立大学	麻省理工学院
8	佐治亚理工学院	弗吉尼亚理工大学	威斯康星大学
9	宾州州立大学	德州农工大学	斯坦福大学
10	明尼苏达大学	佐治亚理工学院	奥本大学
11	斯坦福大学	利莫瑞克大学	密歇根州立大学
12	伊利诺伊大学	斯坦福大学	俄勒冈州立大学
13	匹兹堡大学	密歇根州立大学	马里兰大学
14	密歇根州立大学	悉尼大学	匹兹堡大学
15	华盛顿大学	波尔图大学	俄克拉荷马州立大学
16	罗斯霍曼理工学院	马德里理工大学	佛罗里达大学
17	弗吉尼亚大学	罗斯霍曼理工学院	霍夫斯特拉大学
18	巴克内尔大学	亚利桑那州立大学	西北大学
19	威斯康星大学	乌普萨拉大学	伊利诺伊大学
20	俄亥俄州立大学	伊利诺伊大学	瓦伦西亚理工大学

中国共有 11 所机构发表工程教育文献 10 篇以上且与其他机构进行了合作,论文发表情况及合作网络指标详情见表 5-14。

表 5-14 中国机构工程教育文献发表情况与合作网络指标

机构	文献数	被引	篇均被引	度中心性（排名）	接近中心性（排名）	中介中心性（排名）	限制度（排名）
北京大学	12	39	3.25	178	122	198	113
清华大学	17	11	0.65	178	168	213	80
北京航空航天大学	14	16	1.14	209	104	170	264
中国科学院	11	82	7.45	241	260	204	293
北京师范大学	13	15	1.15	337	270	317	312
同济大学	18	6	0.33	398	346	341	367
北京理工大学	14	33	2.36	398	364	310	382
华中科技大学	12	17	1.42	398	394	386	385
哈尔滨工业大学	21	26	1.24	398	335	484	385
浙江大学	25	11	0.44	446	327	421	423
哈尔滨理工大学	17	8	0.47	446	462	421	447

从国际工程教育研究合作网络中所处的位置来看,北京大学、清华大学是中心性最高的国内机构。北京大学度中心性在 484 所机构中分别排名第 178 位,是国内第一位。接近中性排名第 122 位,属于国内第 2。限制度指标仅次于清华大学。清华大学度中心性与限制度排名国内第一。北京航空航天大学紧随其后,同时北航拥有最多的国际合作,共与 8 所国外高校有合作,尤其是北航与工程教育研究领域的核心机构美国普渡大学有直接的合作。比较活跃的机构包括中科院、北京师范大学。从度中心性、接近中心性、中介中心性和结构洞指标来看,中国机构在工程教育研究学术合作网络中的掌握资源的程度属于中间位置,和美国的机构相比还有不小的差距。

从论文影响力来看,中科院有最高的总被引数和最高的篇均被引,属于国内机构中最具学术影响力的机构。其次是北京大学与北京理工大学,篇均被引分别为 3.25 和 2.36,其余机构的论文被引频次相对较低。总的来说,中国机构的工程教育研究在工程教育研究学术合作网络中的影响力还较为有限。

五、作者合作网络分析

（一）工程教育研究主要作者

表 5-15 列出了发表文献总量前 25 的作者。从发表数量上来看,最多的是 Pudlowski, Zj,高达 51 篇文献。其次是 Maura Borrego,她是德克萨斯大学奥斯汀分校机械工程学院教授和工程教育中心主任。她的研究方向是高等工程教育和 STEM 教育。发表数第三的是 Matthew Ohland,他是普渡大学工程教育学院教授。从篇均被引数来看,Henderson, Charles 排名第一,篇均被引数高达 32.08。接下来是 Maura Borrego,篇均被引为 23.48。第三是 Froyd, Jeffrey E, 篇均被引 22.20,他是德州农工大学教授。工程教育研究作者文献发表及引用情况表 5-16 所示。

表 5-15　工程教育研究作者文献发表前 25 位及其引用情况

序号	作者	文献数量	总被引数	篇均被引数
1	Pudlowski, Zj	51	2	0.04
2	Borrego, Maura	50	1174	23.48
3	Ohland, Matthew W.	48	362	7.54
4	Castro, Manuel	43	146	3.40
5	Strobel, Johannes	38	137	3.61
6	Jesiek, Brent K.	32	85	2.66
7	Lord, Susan M.	31	146	4.71
8	Purzer, Senay	31	60	1.94
9	Brown, Shane	28	71	2.54
10	Cardella, Monica E.	28	52	1.86
11	Fang, Ning	26	105	4.04
12	Magana, Alejandra J.	25	133	5.32
13	Bielefeldt, Angela R.	24	85	3.54
14	Matusovich, Holly M.	24	49	2.04
15	Diefes-Dux, Heidi A.	23	134	5.83
16	Pawley, Alice 1.	22	84	3.82
17	Tovar, Edmundo	22	44	2.00

序号	作者	文献数量	总被引数	篇均被引数
18	Sancristobal，Elio	21	102	4.86
19	Beddoes，Kacey	20	157	7.85
20	Streveler，Ruth A.	20	66	3.30
21	Finelli，Cynthia J.	19	193	10.16
22	Walther，Joachim	19	165	8.68
23	Moore，Tamara J.	19	95	5.00
24	Daniels，Mats	19	76	4.00
25	Zoltowski，Carla B.	19	33	1.74

表 5-16　工程教育研究作者文献发表及引用前 25 位情况

序号	作者	文献数量	总被引数	篇均被引数
1	Henderson，Charles	13	417	32.08
2	Borrego，Maura	50	1174	23.48
3	Froyd，Jeffrey E.	15	333	22.20
4	Douglas，Elliot P.	13	246	18.92
5	Adams，Robin S.	16	267	16.69
6	Abdulwahed，Mahmoud	13	203	15.62
7	Lattuca，Lisa R.	17	197	11.59
8	Finelli，Cynthia J.	19	193	10.16
9	Carpenter，Donald D.	15	151	10.07
10	Daly，Shanna R.	14	127	9.07
11	Walther，Joachim	19	165	8.68
12	Beddoes，Kacey	20	157	7.85
13	Besterfield-Sacre，Mary	18	137	7.61
14	Ohland，Matthew W.	48	362	7.54
15	Mcnair，Lisa D.	17	120	7.06
16	Smith，Karl A.	18	116	6.44
17	Swart，Arthur James	15	95	6.33
18	Diefes-Dux，Heidi A.	23	134	5.83
19	Atman，Cynthia J.	14	80	5.71

续表

序号	作者	文献数量	总被引数	篇均被引数
20	Turns，Jennifer	15	82	5.47
21	Oakes，William C.	18	96	5.33
22	Magana，Alejandra J.	25	133	5.32
23	Brawner，Catherine E.	13	68	5.23
24	Paretti，Marie C.	18	94	5.22
25	Moore，Tamara J.	19	95	5.00

（二）作者合作网络

在 VOSviewer 中设定阈值为 9，生成国际工程教育高产作者合作网络，发文 9 篇及以上的共计 199 位，合作网络见图 5-4。作者合作网络分析显示，美国工程教育研究领域作者合作密切，形成了较大的学术共同体。以最大的作者网络为例，它共包括 105 位作者，但是大网络以外的作者合作普遍较少。在大网络之外最大的是以 Castro，Manuel 为核心的合作网络，共包括 9 位成员，都来自西班牙。此网络与网络中其他国家的作者没有合作关系。199 位作者中，共有 40 位作者未与网络中其他作者有合作关系，共 159 位作者与其他高产作者产生了合作关系。图 5-5 为去除孤立点以后的高产作者合作网络图。

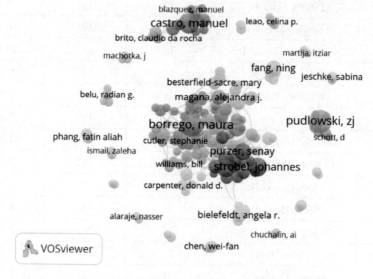

图 5-4　发文 9 篇以上的作者合作网络

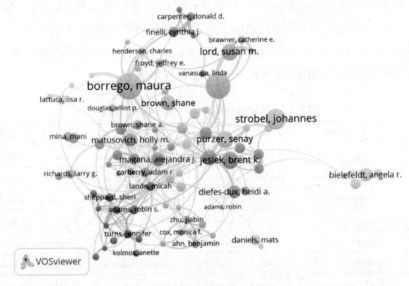

图 5-5 作者合作网络中的最大网络

作者合作网络整体网分析。网络中共有 159 个节点,连线数 744,也就是有 159 位作者,有 744 对合作关系,每位作者平均约与 4 位以上作者进行过研究合作。网络密度为 0.030,属于较低水平,说明国际工程教育研究作者间合作不够密切。网络平均距离为 3.081,意味着平均来看,网络中任意两位作者可以通过约 3 位作者的连接而产生联系。表 5-17 为高产作者合作网络整体网指标。

表 5-17 高产作者合作网络整体网指标

整体网指标	值
节点数	159
连线数	744
平均度数	4.679
度中心势	0.105
密度	0.030
成分	19
连接度	0.444
平均距离	3.081
紧凑度	0.169

作者合作网络中心性分析。首先从作者的度中心性来看,Borrego,Maura 的度中心性高达 58,说明她是国际工程教育合作网络中最活跃的作者。其次是 Ohland, Matthew W,最后是 Cardella, Monica E。作者合作网络中心性与结构洞指标如表 5-18 所示,作者度中心性如表 5-19 所示。

表 5-18　作者合作网络中心性与结构洞指标

序号	度中心性	接近中心性	中介中心性	结构洞(限制度)
1	borrego, maura	borrego, maura	borrego, maura	adams, robin s.
2	castro, manuel	cardella, monica e.	smith, karl a.	borrego, maura
3	pudlowski, zj	adams, robin s.	cardella, monica e.	pawley, alice l.
4	ohland, matthew w.	pawley, alice l.	adams, robin s.	cardella, monica e.
5	purzer, senay	smith, karl a.	purzer, senay	carberry, adam r.
6	sancristobal, elio	streveler, ruth a.	jesiek, brent k.	lande, micah
7	lord, susan m.	lande, micah	ohland, matthew w.	purzer, senay
8	brown, shane	atman, cynthia j.	becker, kurt	smith, karl a.
9	cardella, monica e.	ohland, matthew w.	atman, cynthia j.	ohland, matthew w.
10	zoltowski, carla b.	purzer, senay	lande, micah	adams, robin
11	finelli, cynthia j.	jesiek, brent k.	streveler, ruth a.	herman, geoffrey l.
12	ciampi, melany m.	beddoes, kacey	finelli, cynthia j.	streveler, ruth a.
13	brito, claudio da rocha	carberry, adam r.	paterson, kurt	brown, shane
14	oakes, william c.	daly, shanna r.	adams, robin	daly, shanna r.
15	adams, robin s.	herman, geoffrey l.	pawley, alice l.	matusovich, holly m.
16	lattuca, lisa r.	hynes, morgan m.	carberry, adam r.	beddoes, kacey
17	patil, as	turns, jennifer	zhu, jiabin	pudlowski, zj
18	pawley, alice l.	zhu, jiabin	beddoes, kacey	jesiek, brent k.
19	beddoes, kacey	cox, monica f.	cox, monica f.	atman, cynthia j.
20	belu, radian g.	yasuhara, ken	mcnair, lisa d.	mckenna, ann f.

表 5-19　作者度中心性

序号	作者	度中心性	n 度中心性
1	Borrego, Maura	58	0.052
2	Ohland, Matthew W.	37	0.033
3	Cardella, Monica E.	35	0.032

续表

序号	作者	度中心性	n 度中心性
4	Lord, Susan M.	34	0.031
5	Purzer, Senay	34	0.031
6	Finelli, Cynthia J.	32	0.029
7	Atman, Cynthia J.	30	0.027
8	Yasuhara, Ken	28	0.025
9	Zhu, Jiabin	27	0.024
10	Zoltowski, Carla B.	26	0.024
11	Ahn, Benjamin	25	0.023
12	Carpenter, Donald D.	24	0.022
13	Turns, Jennifer	24	0.022
14	Brawner, Catherine E.	24	0.022
15	Oakes, William C.	23	0.021
16	Cox, Monica F.	22	0.02
17	Pawley, Alice L.	22	0.02
18	Adams, Robin S.	21	0.019
19	Froyd, Jeffrey E.	21	0.019
20	Harding, Trevor S.	21	0.019
21	Beddoes, Kacey	18	0.016
22	Jesiek, Brent K.	18	0.016
23	Lande, Micah	18	0.016
24	Mcnair, Lisa D.	18	0.016
25	Paretti, Marie C.	18	0.016
26	Streveler, Ruth A.	18	0.016

核心—边缘结构分析。通过对工程教育研究合作网络的分析,UCINET 识别出 28 位核心作者,其余作者在合作网络中属于边缘作者。除上海交通大学的朱佳斌之外,其他核心作者无一例外均来自美国高校。朱佳斌(Zhu, Jiabin)是上海交通大学高等教育研究院副研究员,她主要的研究方向包括工程教育教学评估、创新创业教育模式、来华留学生就学体验等。值得一提的是,朱佳斌 2013 年从普渡大学工程教育学院毕业,获得工程教育哲学博士学位。可见普渡大学工程教育学院在工程教育研究领域的影响力。国际工程教育研究合作网络核心作者列表如表 5-20 所示。

表 5-20　国际工程教育研究合作网络核心作者列表

机构（核心作者数）	核心作者
普渡大学工程教育学院（11）	Adams，Robin S. Cardella，Monica E. Hynes，Morgan M. Ohland，Matthew W Pawley，Alice L Streveler，Ruth A. Purzer，Senay Oakes，William C Beddoes，Kacey Brent KJesiek Zoltowski，Carla B
华盛顿大学工程教育中心（4）	Atman，Cynthia J. Turns，Jennifer Yasuhara，Ken Allendoerfer，Cheryl
弗吉尼亚理工大学（2）	London，Jeremi Mcnair，Lisa D
斯坦福大学机械工程学院（2）	Chen，Helen L. Sheppard，Sheri
亚利桑那州立大学（2）	Carberry，Adam R. Mckenna，Ann F
德克萨斯大学奥斯汀分校（1）	Borrego，Maura
密歇根大学机械工程学院（1）	Daly，Shanna R.
伊利诺伊大学香槟分校（1）	Herman，Geoffrey L.
南达科他技术与创新学院（1）	Lande，Micah
明尼苏达大学（1）	Smith，Karl A.
上海交通大学（1）	Zhu，Jiabin
内布拉斯加大学林肯分校（1）	Cox，Monica F

（三）小结

从国家层面来看，2000 年以来，以美国、西班牙、英格兰、中国等是国际工程教育研究的主要国家或地区。尤其是美国在国际工程教育合作网络中占据核心位置，无论是文献数量，还是合作网络中的位置都具有相当的优势。这一结论与以往学者对全球科研情况研究结论一致。西蒙·马金森等(2019)指出美国科研在全球处于引领地位。美国等英语国家或地区的核心地位,当然有一部分是因为英语目前仍旧是世界最为通用的科研语言,英语国家自然而言地拥有天然优势。

中国的工程教育研究在数量上逐年增长,与较多国家进行了合作,而且在总量上位居前列。但从合作网络结构洞指标来看,中国在国际工程教育研究合作网络中掌握的学术资源相对较少,在国际工程教育研究合作网络中的地位还有待提升。

从各个国家合作情况来看,具有相同语言文化,地理位置接近的国家和地区更容易进行工程教育研究合作。

从机构层面来看,无论是国际合作数量,还是论文被引情况,以普渡大学为代表的美国大学是研究工程教育的绝对中心,当前国际工程教育研究领域内的核心机构都来自美国。这一点与科研作为一个整体的情况一致,西蒙·马金森等(2011)指出,美国大学处于全球高等教育和科研国际合作中心[1]。2016年的数据显示,全球所有国际合作文章中有39%来自美国[2]。美国的机构在工程教育研究领域广泛合作,形成了以普渡大学工程教育学院、华盛顿大学工程教育中心等机构为核心的科研合作网络。普渡大学在工程教育领域深耕已久,普渡大学于2004年成立了世界上第一个工程教育学院,拥有并从2005年起开启工程教育博士项目[3]。作为一个整体的中国工程教育研究国际化水平不断提升,中国的科研机构也正积极进行工程教育研究国际发表,但是目前从数量与质量上看,尚未有特别突出的机构。

从作者层面来看,以 Maura Borrego 为代表的美国工程教育研究者在国际工程教育研究网络中占据优势地位。美国不同机构的研究者之间合作十分密切,形成较大的学术共同体。中国目前有数量众多的工程教育研究者,成果也不可谓不丰富。不可否认,中国工程教育研究者最主要是发表中文论文,同样也为促进中国工程教育发展做出贡献。但在国际学术网络中,中国工程教育研究者的声音还不够响亮。

①　西蒙·马金森,文雯.大学科研的全球扩张[J].教育研究,2019,40(9):95-109.

②　National Science Board, NSB. Science and Engineering Indicators 2018[EB/OL]. https://www.nsf.gov/statistics/2018/nsb20181/assets/nsb20181.pdf.2018.

③　Purdue University.[EB/OL] https://engineering.purdue.edu/ENE/AboutUs/History.

从国际工程教育研究高产作者合作网络密度上看,当前国际工程研究合作属于较低的水平,表明国际工程教育研究合作网络较为松散,合作互动情况不多,一方面表示蕴含巨大资源,但由于网络密度过低,影响到了新知识的传播。

工程教育研究机构要积极参与校际、国际合作,努力提升研究的国际化水平。2019年12月,浙江大学工程教育创新中心与普渡大学工程教育系签署战略合作协议就是有益的尝试①。另外,普渡大学在工程教育领域占据如此重要的地位,很大程度上得益于成立了世界上第一个工程教育系,拥有庞大的、多学科背景的工程教育研究队伍。中国的有关大学和研究机构可以结合学校的发展战略考虑开设工程教育专业,培养工程教育专业人才。有条件的学校也可以考虑成立工程教育中心,招收不同背景的教师与学生,在学科交叉中实现工程教育研究创新,打造更有体系的、更具影响力的工程教育研究团队。

应继续推进工程教育国际科研合作,鼓励和资助研究者与学生的国际交流访问。有研究表明印度和中国通过研究者和学生的国际流动比较成功地促进了自身科研能力建设②(Merle Jacob & V. Lynn Meek,2013)。中国是世界上最大的工程教育国家,进行了诸多工程教育改革实践,拥有极为丰富的工程教育案例。中国的工程教育研究者应主动走出国门,积极发展校际、国际合作,立足中国,保持开放,向世界介绍中国的工程教育实践,提高工程教育科研国际化水平。同时不断提高工程教育研究的质量,并积极地在研究中承担主导任务。

---

① 浙江大学工程教育创新中心与普渡大学工程教育系签署战略合作协议[EB/OL]. http://www.rids.zju.edu.cn/2019/1209/c2559a1807677/page.htm.

② Jacob M, Meek V L. Scientific mobility and international research networks: trends and policy tools for promoting research excellence and capacity building[J]. Studies in Higher Education, 2013, 38(3): 331-344.

第六章　国际工程教育研究前沿与实践前沿

学术论文作为研究成果的重要形式,可以表现合作研究的主要内容。通过对工程教育相关的文献进行计量分析,从社会网络的视角研究工程教育的合作网络结构与内容。通过对国际工程教育组织所举办的近5年的会议主题进行分析,考察国际工程教育组织在实践中关注的重点。

一、国际工程教育研究前沿主题分析方法

本研究采用文献计量的方式探索国际工程教育研究热点,选取的数据库为 Web of science 核心合集。Web of Science 核心合集是获取全球学术信息的重要数据库,它收录了全球 12400 多种科学、社会科学、艺术和人文科学领域的世界一流学术性期刊、书籍和会议录,还包括完整的引文网络。研究选取的时间跨度为 2000 年 1 月 1 日—2019 年 11 月 7 日,采用的文献计量与可视化工具为 VOSviewer 1.6。设定检索词为 engineering education,类别为 education。语种限定为英语。为保证文献代表性,将文献类型设定为期刊论文(article)、综述(review)、著作(book)、会议论文(proceedings paper)。最终获得 17318 条记录。

将题录导入文献计量软件,获得工程教育高频关键词(见表 6-1)。从高频关键词可以初步发现 2000 年以来国际工程教育研究的热点话题。为了进一步分析国际工程教育研究关键词之间的关系,并直观呈现研究热点,将题录导入 VOSviewer,选择节点为关键词,设定阈值为 50 次,由 107 个关键词构成了关键词共现网络(见图 6-1)。结合文献计量、社会网络分析与专家论证,本研

究识别出了 2000 年以来国际工程教育研究的 8 个前沿主题，主题及该主题下高频关键词见表 6-2。

表 6-1 关键词词频表

序号	关键词	词频	总连线强度
1	工程教育 engineering education	2120	1657
2	教育 education	786	924
3	高等教育 higher education	639	617
4	工程 engineering	465	676
5	STEM	384	439
6	在线学习 e-learning	320	343
7	创新 innovation	317	446
8	评估 assessment	289	332
9	主动学习 active learning	268	337
10	基于项目的学习 project-based learning	260	312
11	STEM 教育 STEM education	234	170
12	课程 curriculum	208	237
13	软件工程 software engineering	202	216
14	技术 technology	190	317
15	软件工程教育 software engineering education	164	88
16	基于问题的学习 problem-based learning	160	188
17	性别 gender	154	183
18	混合学习 blended learning	152	208
19	工程设计 engineering design	151	130
20	动机 motivation	150	205
21	创意 creativity	145	200
22	设计教育 design education	140	103
23	合作学习 collaborative learning	137	138
24	可持续性 sustainability	134	189
25	学习 learning	132	213

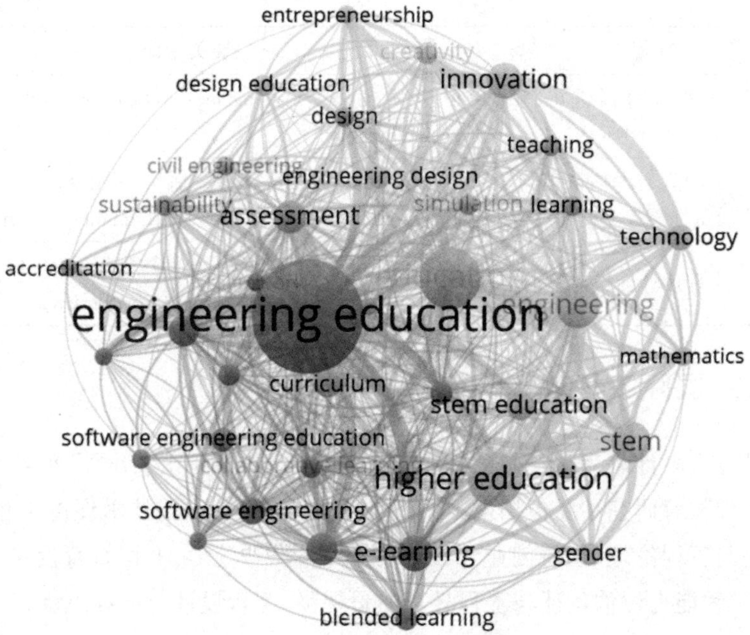

图 6-1 工程教育关键词共现网络

表 6-2 工程教育研究前沿主题

主题	主要关键词
主题一 技术促进工程教育	在线学习（e-learning）、远程学习（distance learning）、教育技术（educational technology）、混合学习（blended learning）、MOOC、moodle、远程教育（distance leducation）、游戏化（gamification）
主题二 多样性与工程伦理	多样性（diversity）、性别（gender）、女性（women）、平等（equity）、伦理（ethics）
主题三 创新创业	创新（Innovation）、创业（entrepreneurship）、创业教育（entrepreneurship education）、创意（Creativity）
主题四 STEM 教育	STEM、STEM education
主题五 课程与教学	基于项目的学习（Project based learning, PBL）、合作学习（Collaborate learning, CL）、基于问题的学习（Problem based learning, PBL）、主动学习（Active learning, AL）、基于工作室的学习（Studio based learning, SBL）、基于团队的学习（Team based learning, TBL）、基于设计的学习（Design based learning, DBL）

续表

主题	主要关键词
主题六 工程教育促进可持续发展	可持续发展（sustainable development）、可持续性（sustainability）
主题七 工程能力评估认证与工程教育质量保障	测试（assessment）、评估（evaluation）、认证（accreditation）、ABET、质量保障（quality assurance）
主题八 工程设计与设计思维	设计思维（design thinking）、设计教育（design education）、设计（design）、工程设计（engineering design）

二、国际工程教育研究前沿

结合文献计量、社会网络分析与专家论证，本研究识别出了 2000 年以来国际工程教育研究主要包括以下八个前沿主题。分别是：技术促进工程教育、多样性与工程伦理、创新创业、STEM 教育、课程与教学、工程教育促进可持续发展、工程能力评估认证与工程教育质量保障、工程设计与设计思维。

1. 研究前沿一：技术促进工程教育

在工程教育领域，信息和通信技术正在不断创新学生的教与学方法。本主题下的关键词包括在线学习（e-learning）、远程学习（distance learning）、教育技术（educational technology）、混合学习（blended learning）、MOOC、moodle、远程教育（distance leducation）、游戏化（gamification）。

工程教育在线学习关注交互性。在基于 Web 的学习环境中，交互性已被视为成功进行在线学习的最重要元素。Violante，Maria 等（2015）介绍了交互式医疗设备的生产周期，即虚拟 3D 脑电图，并进行了一项研究，以基于 Kano 的质量模型来衡量学生对学习应用程序的满意度。基于网络的交互式学习应用程序引入了与学习内容进行交互的独特元素，这些元素专门设计用于在使用医疗设备时培训生物医学工程专业的学生。学生调查的结果表明，嵌入在应用程序中的视觉和交互功能有可能引起用户的积极满意。所提出的方法不仅可以在生物医学工程领域而且可以在工程科学领域之外为正确设计类似学习应用提供参考①。

---

① Violante M G, Vezzetti E. Virtual interactive e-learning application：An evaluation of the student satisfaction[J]. Computer Applications in Engineering Education，2015，23（1）：72-91.

混合学习将在线学习和面对面学习相结合,可以改善学习体验。自 2011年以来,苏莱曼·德米雷尔大学计算机工程系的计算机工程教育采用混合学习法进行。通过使用远程教育技术,通过大学的学习管理系统(LMS)实现混合学习。LMS 包含由 Flash 动画、学生记录、用户角色、评估系统(如符合SCORM 标准的调查和测验)支持的课程材料。Yigit,T 等(2014)提供了计算机工程传统与混合教育中学生的绩效评估。提出了应用混合学习模型,并评估了参加编程课程的学生。因此,目的是缩短混合教育中学生的适应期。研究结果表明,在混合与传统教育中学习算法与程序设计课程的学生的算法思维能力非常接近①。

游戏化设计被认为可以提高学习者学习的动机,因而成为工程教育技术创新关注的热点。在基于游戏的学习中,通过应用类似游戏的功能(例如比赛和通过虚拟促销或成就徽章进行奖励),可以提高学习者的参与度,并使学习变得有意义。为了使电子实验室更具吸引力,Luthon,Franck(2014)为了培养学生的动机,提出了一种嵌入在学习管理系统中的类似游戏的场景的设计②。Garcia,Ivan 等(2018)介绍了基于游戏的学习方法和教学设计在创建 2D 计算机游戏中的应用,以支持本科生工程课程第一年的数学教学。笔者在计算机和电子工程课程上进行了一项实验,通过对基于顺序和全局学习风格的学生采用基于胜任力的学习方法来评估拟议游戏的效果。结果表明,计算机游戏在学习数学主题时改善了全球学习者的学习体验和动力③。Alanne,Kari(2016)通过回顾系统的文献发现,在机械和土木工程等相关学科领域已经开始运用教育游戏。但在建筑服务工程中的系统级教育游戏的开发仍处于起步阶段④。

游戏化设计被认为是提高大规模开放在线课程(MOOC)的学习效率的有效手段。近年来,工程教育中的游戏化已成功应用。此外,MOOC 课程被认为

①　Yigit T, Koyun A, Yuksel A S, et al. Evaluation of blended learning approach in computer engineering education[J]. Procedia-Social and Behavioral Sciences, 2014, 141: 807-812.

②　Luthon F, Larroque B. LaboREM—A remote laboratory for game-like training in electronics[J]. IEEE Transactions on learning technologies, 2014, 8(3): 311-321.

③　García I, Cano E. A computer game for teaching and learning algebra topics at undergraduate level [J]. Computer Applications in Engineering Education, 2018, 26(2): 326-340.

④　Alanne K. An overview of game-based learning in building services engineering education[J]. European Journal of Engineering Education, 2016, 41(2): 204-219.

是增强工程学教育的良好策略。然而,MOOCs 有两个主要缺点:一是无法实现个性化目标设置;二是与 MOOC 的注册数量相比,完成率太低。Antonaci,A 等(2017)认为应用游戏化技术来提高 MOOC 学习者的目标感。笔者认为基于学习者目标的 MOOC 游戏化设计可以提高 MOOC 完成率。另外还介绍了个人目标成就率(PGAR)和总体目标成就率(OGAR)两种度量的新方法①。Borras-Gene, Oriol 等(2016)提出了一种游戏化合作式 MOOC 模型(gcMOOC),用于加强自我监督的个性化学习。研究结果表明,虚拟社区和游戏化方法的结合增强了工程 MOOC 课程中参与者的学习动机。此外,这些游戏化工具可帮助学生进入深度学习,提高他们的动机和 MOOC 的完成率②。

移动学习为条件受限的工程教育提供新的机会,学生对移动学习态度较为积极。Sarrab,M(2015)分析和评估了 56 位阿曼 Sultan Qaboos 大学计算机工程专业学生对移动学习(M-learning)的知识(knowledge)和意识(perception)。研究的初步结果表明,他们对移动学习的认识和接受程度都很高,而且对使用移动设备作为学习工具非常感兴趣③。材料合成被视为工程教育领域的核心学科。但是,材料合成中的许多概念和知识可能相当抽象,难以为学生所理解。而且由于缺乏设备、有毒物质的控制和化学反应的风险、实验的范围受到了限制等因素常常限制了学生的想象力和学生的实践参与,进而导致学生的学习态度和学习表现差。云技术和移动设备的飞速发展为开发用于材料合成的新型学习工具提供了新的机会。Jou,Min 等(2016)介绍一个用于教授材料合成实用技术的移动学习 App,该 App 综合了化学符号、实验主题、文本和交互式元素。然后,将移动学习 App 运用到基于问题的学习活动中,并对学习效果进行分析。实证结果结果表明,移动学习 App 对学生学习成绩产生了显著的积极影响,而且大多数学生对使用移动学习系统表现出良好的态度④。

---

① Antonaci A, Klemke R, Stracke C M, et al. Gamification in MOOCs to enhance users' goal achievement[C]//2017 IEEE Global Engineering Education Conference (EDUCON). IEEE, 2017: 1654-1662.

② Martínez-Núñez M, Fidalgo-Blanco Á, Borrás-Gené O. New challenges for the motivation and learning in engineering education using gamification in MOOC[J]. 2015.

③ Sarrab M. M-learning in education: Omani Undergraduate students perspective[J]. Procedia-Social and Behavioral Sciences, 2015, 176: 834-839.

④ Jou M, Lin Y T, Tsai H C. Mobile APP for motivation to learning: an engineering case[J]. Interactive Learning Environments, 2016, 24(8): 2048-2057.

翻转课堂(flipped classroom)被普遍认为可以提高学生的学习积极性。Mason, Gregory S 等(2013)在三个方面比较了翻转课堂和传统课堂的有效性:(1)内容覆盖;(2)学生在传统测验和考试问题上的表现;(3)学生对翻转课堂形式的观察和理解。作者使用了对照实验,将翻转课堂与传统的演讲风格进行了比较。结果表明:(1)翻转课堂允许讲师覆盖更多的材料;(2)参加翻转课堂的学生在可比的测验和考试问题以及开放式设计问题上的表现都同样好或更出色;(3)学生能很快适应翻转课堂,并认同翻转课堂是有效的[①]。Kanelopoulos, John 等(2017)在机械设计本科课程中,使用维基(wiki)提供课堂内容。按照特定的设计原则翻转了机械设计本科课程的一部分。课前内容由现有资料、视频、文本和适当的 URL 组成,并通过 Wikispaces 平台上的 Wiki提供。研究通过分析 Wiki 记录的互动数据以及调查表,探讨了学生对翻转课堂的看法。这项研究的初步结果表明翻转课堂在激发学生和增加课堂互动方面拥有潜力[②]。Chiang, Yu-Hung 等(2015)提出了一个改进翻转课堂模式,以克服现有翻转课堂中存在的问题,并使用数据库工程课程进行评估。这项研究使用"大学和大学教室环境清单"(CUCEI)来分析翻转教学环境的学习效果。结果表明,翻转课堂中的学生比传统教室中的学生表现出更好的个性化,并且对合作学习的兴趣增加了。该研究还发现,通过所提出的方法,学生更容易在课堂上投入,并发展和提高自我指导、自我调节和自我决策的能力[③]。当然,并非所有关于翻转课堂的实践都是成功的。Towey, D(2015)设计并实施了一项翻转课堂计划,但并不如希望的那样成功,因此作者依靠反思和自传民族志来帮助理解和分析翻转的教学经验[④]。

虚拟现实等技术开始运用到工程教育中,但仍有一定的缺陷。Dinis, F M 等(2017)介绍了虚拟现实(VR)和增强现实(AR)技术在土木工程教育中运用

① Mason G S, Shuman T R, Cook K E. Comparing the effectiveness of an inverted classroom to a traditional classroom in an upper-division engineering course[J]. IEEE Transactions on Education, 2013, 56(4): 430-435.

② Kanelopoulos J, Papanikolaou K, Zalimidis P. Flipping the classroom to increase students' engagement and interaction in a mechanical engineering course on machine design[J]. International Journal of Engineering Pedagogy, 2017, 7(4): 19-34.

③ Effects of the in-flipped classroom on the learning environment of database engineering[J]. International Journal of Engineering Education, 2015, 31(2): 454-460.

④ Towey D. Lessons from a failed flipped classroom: The hacked computer science teacher[C]//2015 IEEE International Conference on Teaching, Assessment, and Learning for Engineering (TALE). IEEE, 2015: 11-15.

的三个案例。研究表明 VR 可以有效传递信息，加强学生对特定知识的理解。但是 VR 眼镜有可能会引起一部分学生的晕动症(motion sickness)[①]。

2. 研究前沿二：多样性与工程伦理

研究关注少数群体在接受工程教育时面临的困难与挑战以及工程专业学生保留率的问题。该主题下关键词包括：多样性(diversity)、性别(gender)、女性(women)、平等(equity)、伦理(ethics)。

工程专业学生离开工程领域的现象引起了普遍关注。市场对工程专业人员的需求不断增长，然而却有大量工程专业学生选择离开工程领域。工程教育界需要关注离开工程专业的学生，确定影响学生决策的因素。Marra，Rose M 等(2012)选取近期离开工程学院的学生作为研究对象，分析促使他们离开工程专业的影响因素。研究表明，学术因素(例如，课程难度、教学与指导差)和非学术因素(缺乏工程学专业归属感)都可能导致学生决定离开工程学。研究发现在离开工程专业的因素上没有性别差异。但是，研究的样本表明，非学术因素可能会产生更大的影响。研究建议要解决学术和归属因素上的问题，包括检视可能不受学生欢迎的教学活动，为教师提供互动机会，进而吸引更多学生学习工程专业[②]。Holmegaard，Henriette Tolstrup 等(2014)介绍了丹麦纵向研究的结果，该研究研究了学生在高中毕业后是否继续学习 STEM 的选择。尤其是，该研究的重点对象是在中学教育阶段将 STEM 科目作为他们最喜欢的科目之一，但在高等教育阶段选择不学习的学生。研究探讨了学生对 STEM 的理解如何与他们的身份认同努力(identity work)相关联。结果表明，未选择 STEM 的学生将 STEM 视为稳定、僵化和固定的，因此，过于狭窄的平台无法培养和构建理想的身份。那些实际进入 STEM 计划的学生的经历与这些期望相似。但是，许多选择者也希望他们的研究不那么僵化和固定。研究建议工程教育机构能够调整课程的形式和内容，从而提高工科专业入学率和保留率[③]。

---

① Dinis F M, Guimarães A S, Carvalho B R, et al. Virtual and augmented reality game-based applications to civil engineering education [C]//2017 IEEE Global Engineering Education Conference (EDUCON). IEEE, 2017: 1683-1688.

② Marra R M, Rodgers K A, Shen D, et al. Leaving engineering: A multi-year single institution study[J]. Journal of Engineering Education, 2012, 101(1): 6-27.

③ Holmegaard H T, Madsen L M, Ulriksen L. To choose or not to choose science: Constructions of desirable identities among young people considering a STEM higher education programme[J]. International Journal of Science Education, 2014, 36(2): 186-215.

少数群体在工程教育中的代表性是热点话题。刻板印象和内隐偏见可能会对女性在科学、技术、工程和数学(STEM)中的教育、雇用、晋升和留任率产生负面影响。尤其是有色女性常常被认为是 STEM 教育主流之外的边缘群体。Jackson,Sarah M 等(2014)尝试用内隐偏见训练(implicit bias training)改善对 STEM 中女性的态度,研究评估了多元化培训(diversity training)对大学教师在 STEM 中内隐联想和对女性的显式态度的变化的效果。结果表明,通过培训后,男性对在 STEM 中女性的个人内隐联想有所改善,但对于在测试前已经倾向于更积极的内隐联想的女性而言,并没有改善。在测试前和测试后,男性比女性更有可能明确认可关于 STEM 的女性刻板印象,并且由于多样性培训,这些态度没有改变。这些发现表明,参加简短的多样性培训可以改善 STEM 中女性的内在联想(implicit association)[①]。

3. 研究前沿三:创新创业教育

本主题关键词包括:创新(Innovation)、创业(entrepreneurship)、创业教育(entrepreneurship education)、创意(Creativity)。

如何在校园中实现创业训练是创新创业教育的关键问题。Lackeus,Martin 等(2015)探索以大学为基础的创业计划,将现实生活中的创业创造纳入教学设计中,以及如何在大学环境内弥合创业教育与技术转让之间的鸿沟。根据两年期间的文献回顾和滚雪球采样,确定了 18 种创业教育计划正在采用创业创造方法。研究确定了跨五个核心主题的创业计划(VCP)的桥接能力,说明了在大学环境中开展创业教育与技术转让之间更紧密协作的潜在好处。研究确定了结合企业家精神教育和技术转让活动的实际好处,例如,不仅通过新公司创造价值,而且通过具备创业能力的毕业生群体创造价值。VCP 允许在大学环境中"旋转"创新思想,同时为创业学习做出贡献。[②]

在工程学位课程中培养企业家精神正成为一种趋势。企业家的思维方式、知识、技能和态度与创新和创造力密切相关,这对于学生为成功的职业生活做好准备至关重要。Taks,Marge 等(2014)讨论在研究工程学学生如何在

---

① Jackson S M, Hillard A L, Schneider T R. Using implicit bias training to improve attitudes toward women in STEM[J]. Social Psychology of Education, 2014, 17(3): 419-438.

② Lackéus M, Middleton K W. Venture creation programs: bridging entrepreneurship education and technology transfer[J]. Education+ training, 2015.

基于社会建构主义学习观和综合教学法模型的课程中学习企业家精神。根据分析结果,确定了作为工程学位课程一部分的经历创业的四个性质不同的类别。学生们认为创业学习是,(1)自我学习的第一步;(2)为工作生活做准备;(3)可能的自我创业之路;(4)以及培养领导能力和团队成就责任的环境。研究所确定的四个类别表明,学生可以通过多种方式体验将企业家精神研究纳入工程学位课程的[①]。

创造力、创新和企业家精神被公认为对培育企业家文化、推动经济社会发展至关重要。Edwards-Schachter, Monica 等(2015)通过文献综述发现,对企业家胜任力(competence)的关注重点、核心假设和教育方法以及创意和创新的作用可能会因所考虑的教育范式(educational paradigm)的不同而有很大差异。作者采用社会认知理论和社会建构主义解释作为一种元胜任力(meta-competence)的创造力、创新和企业家精神(CIE)的发展。在此框架下,作者进行了初步的实证探索,探讨来自西班牙和美国这两种不同社会文化背景的工程专业学生如何看待 CIE 关系,以及他们认为他们在多大程度上是由教育系统发展的。实证结果表明,大多数学生将自己视为有创造力的人,并认为创造力与创新和企业家精神密切相关,而且,美国学生比西班牙学生更确信创造力与企业家胜任力之间的相关性。此外,他们认为创造力仍然是工程教育中的尚未决课题。[②]

4. 研究前沿四:STEM 教育

该主题下的研究热点包括 STEM、STEM 教育。STEM 是科学、技术、工程和数学四门学科的英文首字母缩写,STEM 一词出现在 20 世纪 90 年代的美国。美国国家科学基金会在瑞塔·柯威尔主责时曾执行一次跨领域科学教育会议,之后不久就出现了此缩写[③]。STEM 教育主题下的前沿话题是女性和少数族裔在 STEM 教育中面临的问题,以及 STEM 教育形式的改革。

---

① Täks M, Tynjälä P, Toding M, et al. Engineering students' experiences in studying entrepreneurship [J]. Journal of engineering education, 2014, 103(4): 573-598.

② Edwards-Schachter M, García-Granero A, Sánchez-Barrioluengo M, et al. Disentangling competences: Interrelationships on creativity, innovation and entrepreneurship [J]. Thinking skills and creativity, 2015, 16: 27-39.

③ Guest commentary: A "STEM" in Collier County to reach their future. www. naplesnews. com. [2016-06-09].

少数群体在 STEM 教育中代表性不足问题是研究热点。Jr. Eagan，M Kevin 等（2013）发现为了增加在 STEM 教育中代表性不足的少数族裔学生的数量，美国联邦和私人机构已为本科研究计划分配了大量资金，事实表明，这些举措增加了学生就读研究生或专业的意愿。研究分析了完成 2004 年大一新生调查和 2008 年大学高级调查的 4152 个 STEM 专业学生的纵向样本，结果表明，参加本科生研究计划显著提高了学生攻读 STEM 专业研究生的意愿[1]。Hernandez，Paul R 等（2013）以目标理论（goal theory）为基础，跟踪了 3 个学年中，在美国 38 个高等教育机构中就读的 STEM 学科高成就非裔美国和拉美裔大学生样本。研究报告与科学相关的环境因素和人为因素如何影响目标取向（goal orientation），以及目标取向如何反过来影响长期学术成果，例如 STEM 的表现和持久性。统计分析发现：（1）参与大学研究是代表性不足学生对抗表现回避目标（performance avoidance goal）唯一的因素；（2）随着时间的推移，科学自我认同（scientific self-identity）的提高对表现趋向目标（performance approach goal）增强表现出强烈的积极影响；（3）仅任务目标会积极影响学生的累计平均绩点（高于和超过基线平均绩点）；（4）表现回避目标（performance avoidance goal）可以预测 STEM 学生流失情况[2]。

另一个研究前沿是 STEM 教育形式的探索。制作（Making）是一种迅速兴起的教育实践形式，涉及设计、构造、测试和修改各种对象，使用多种技术，并整合了包括艺术、科学、工程和数学在内的一系列学科。Bevan，Bronwyn（2017）指出制作已被证明将科学学习与创造力和研究联系起来的方式，因此在政策和教育界引起了广泛的兴趣和支持。制作已扎根于校外环境，例如博物馆、科学节以及课后和图书馆计划；现在，中小学教育者对如何将其纳入课堂的兴趣日益浓厚。制作发扬了与技术教育和基于设计的学习相关的传统，但是在方式上略有所不同，可能会扩大对科学和 STEM 学习的参与，吸引包括 STEM 领域历史上代表性不足的社区的学习者[3]。

① Eagan Jr M K, Hurtado S, Chang M J, et al. Making a difference in science education: the impact of undergraduate research programs[J]. American educational research journal, 2013, 50(4): 683-713.

② Hernandez P R, Schultz P, Estrada M, et al. Sustaining optimal motivation: A longitudinal analysis of interventions to broaden participation of underrepresented students in STEM[J]. Journal of educational psychology, 2013, 105(1): 89.

③ Bevan B. The promise and the promises of Making in science education[J]. Studies in Science Education, 2017, 53(1): 75-103.

5. 研究前沿五:课程与教学

课程与教学主题下的研究关注工程教育的课程设计、教学方式与学习方式的改革。本主题下的关键词包括:基于项目的学习(Project based learning,PBL)、合作学习(Collaborate learning,CL)、基于问题的学习(Problem based learning,PBL)、主动学习(Active learning,AL)、基于工作室的学习(Studio based learning,SBL)、基于团队的学习(Team based learning,TBL)、基于设计的学习(Design based learning,DBL)。

基于项目的学习(Project based learning)。基于项目的学习(PBL)是一种项目驱动学习的学习环境,已成功用于不同学科的教育计划的各种课程中。Hosseinzadeh, Nasser 等(2012)基于作者的反思和学生的反馈,讨论了在电力工程专业课程中使用 PBL 方法的优缺点。以基于 PBL 的电力系统建模和分析课程的设计和交付为例。研究表明,正确使用 PBL 可以在专业课程中同时提供技术内容和通用专业技能①。有研究表明 PBL 可以让课程更具吸引力。Macias-Guarasa, Javier 等(2006)提出了一种设计电子系统课程的方法,以使电子学对学生更具吸引力。该课程在过去的四个学年中已经成功进行了评估:学生对电子学的兴趣不断提高,并且在所有 PBL 课程评估中,该课程的平均成绩均超过71%。这些学生还学习了新技能,并取得了非常好的学习成绩:所有 PBL 课程的平均成绩均超过74%。此外,所有学生都开发了更复杂、更成熟的电子系统,同时也认为值得投入精力②。Han, Sunyoung 等(2015)调查参加科学、技术、工程和数学课程(STEM)基于项目的学习(PBL)活动是否影响了学生的学习表现,以及学生的个人因素在多大程度上影响了他们的数学成绩。研究发现,表现不佳的学生在数学分数上的增长明显高于表现良好的高中学生。此外,学生的种族和经济状况是学习成绩的良好预测指标。该研究的结果表明,学校中的 STEM PBL 可以使低表现的学生受益更大,并缩小成绩差距③。

① Hosseinzadeh N, Hesamzadeh M R. Application of project-based learning (PBL) to the teaching of electrical power systems engineering[J]. IEEE Transactions on Education, 2012, 55(4): 495-501.

② Macías-Guarasa J, Montero J M, San-Segundo R, et al. A project-based learning approach to design electronic systems curricula[J]. IEEE Transactions on Education, 2006, 49(3): 389-397.

③ Han S, Capraro R, Capraro M M. How science, technology, engineering, and mathematics (STEM) project-based learning (PBL) affects high, middle, and low achievers differently: The impact of student factors on achievement[J]. International Journal of Science and Mathematics Education, 2015, 13(5): 1089-1113.

基于工作室的学习。Connor，A M 等(2015)指出在 STEM(科学、技术、工程和数学)教育中发现的常见教学法，尤其是工程学中主导的工程学教学法仍然是"粉笔和对话"(chalk and talk)。有研究证据表明其低效，因为这样的教学方法无法做到以学生为中心。作者认为，由于工程教育中存在一定程度的学科自我中心主义，主动学习方法的采用可能会受到限制。作者提供了一些设计、工程和技术项目的例子，这些例子证明了采用教学法和教学方法的有效性，而教学法和教学方法通常更多运用于人文教育，例如基于工作室的学习。研究建议在工程教育中创造一个好的学习环境，运用基于探究的教学方式。作者最后反思传统工程教育者的学科自我中心主义可能限制了这样的学习环境产生①。

基于团队的学习(TBL)。尽管最初是为商学院环境而开发的，目的是在大型团体环境中促进小型团体教学的好处，但基于团队的学习(TBL)方法最近已在医学教育中得到越来越多的使用。另一方面，关于在工程学和科学教育中实施的报道很少。Najdanovic-Visak，Vesna(2017)讨论在一年级工程模块过程工程基础知识中实施 TBL 的经验、评估和经验教训。该课程招收 115 名学生，并且首次引入了 TBL 方法。通过学生的成绩分析和问卷调查，评估 TBL 学生所获得的知识和认知能力。研究结果发现，TBL 方法改善了学生的学习，有利于他们在课堂上的知识整合和共享，研究建议在工程学科中采用 TBL②。

基于设计的学习(DBL)。学生可以收集并应用理论知识来解决设计问题。Puente，Sonia M Gomez 等(2015)研究了教师在重新设计 DBL 项目时如何应用关键的 DBL 维度(包括：项目特征、设计元素、教师的角色、评估和社会环境)，对机械工程和电气工程系的 DBL 教师的专业发展进行了干预。作者将体验学习周期用作专业化计划的教育模型。调查结果表明，该计划鼓励教师采用 DBL 理论框架。但是，在特定项目特征方面存在一些限制。建议进一步研究支持教师在支持学习的项目中开展开放性和多学科活动③。

---

① Connor A, Karmokar S, Whittington C. From STEM to STEAM：Strategies for enhancing engineering & technology education[J]. International Journal of Engineering Pedagogy，2015，5(2)：37-47.

② Najdanovic-Visak V. Team-based learning for first year engineering students[J]. Education for Chemical Engineers，2017，18：26-34.

③ Gómez Puente S M, van Eijck M, Jochems W. Professional development for design-based learning in engineering education：a case study[J]. European Journal of Engineering Education，2015，40(1)：14-31.

6. 研究前沿六:工程教育促进可持续发展

研究关注如何在工程教育中传递可持续性的概念。该主题下的关键词包括:可持续发展(sustainable development)、可持续性(sustainability)。

对可持续发展的关注会影响学生选择工程专业和从事工程行业职业。Klotz, Leidy 等(2014)进行了一项调查,从国家英语入门班的大学生样本中收集有关可持续性和其他感兴趣变量的回应,使用描述性统计和相关分析对数据进行分析。分析结果表明,希望解决某些可持续性问题(例如能源、气候变化、环境退化和供水)的学生更有可能从事工程领域工作。那些希望解决其他可持续性问题(例如女性和少数族裔的机会、贫困和疾病)的人不太可能从事工程领域工作。希望以人际关系解决可持续发展相关成果的学生不太可能进入工程领域。但是那些认为与工程相关的"改善生活质量"和"挽救生命"的学生更有可能从事该专业。作者认为,向学生展示可持续性问题与工程职业之间的联系可以使工程从业者更加多样化[①]。

如何在工程教育中整合可持续发展概念也是研究热点。Bjornberg, Karin Edvardsson 等(2015)重点讨论如何在工程教育项目中定义和实施社会可持续性(social sustainability)的概念,如何在瑞典皇家理工学院(KTH)工程教育中整合和教授社会可持续性,以及需要哪些资源来支持教师和项目负责人作为社会可持续性教育者。结果表明,KTH 的项目负责人和教师也不是十分理解社会可持续性的概念。当将有关社会可持续性的教育政策目标投入有效的学习成果和活动时,这一概念的模糊性被认为是一项挑战。研究发现,将社会可持续性纳入工程课程时,考察访问(study visit)和角色扮演(role play)被视为最有效的工具。作者建议为了在工程教育中成功整合社会可持续性,应当对教师的给予补充性可持续发展培训和经济激励措施。作者同时还指出,社会可持续性教育需要建立在更加深厚的理论基础上[②]。

① Klotz L, Potvin G, Godwin A, et al. Sustainability as a route to broadening participation in engineering[J]. Journal of engineering education, 2014, 103(1): 137-153.

② Edvardsson Björnberg K, Skogh I B, Strömberg E. Integrating social sustainability in engineering education at the KTH Royal Institute of Technology[J]. International Journal of Sustainability in Higher Education, 2015, 16(5): 639-649.

7. 研究前沿七：工程能力评估与工程教育质量保障

本主题下关键词包括：测试（assessment）、评估（evaluation）、认证（accreditation）、ABET、质量保障（quality assurance）。

前沿研究关注通用工程能力。如 Passow，Honor J 等（2017）通过荟萃分析发现工程师最关键的技能是协调多种能力以实现目标。研究定义了对工程实践重要的 16 种通用能力，并对华盛顿协议的毕业生能力要求做出了改进。研究认为工程专业本科生能力要求包括：可以有效地进行沟通，设计解决方案，应用知识，应用技能以及解决问题，尤其解决问题能力是工程实践的核心[①]。

同时也有研究反思 ABET 认证可能对教学质量产生的负面影响。McNeil，Jacqueline C 等（2016）使用开放式调查问卷调查了教师 ABET 认证过程对质量教学的影响。在这项研究中，有 43 条关于 ABET 认证的定性评论和 91 条定量调查结果。教职员工对认证绝大多数持消极看法，认为这会增加他们的工作量，扼杀他们的创造力，并使他们偏离包括教学在内的其他重要目标。与此同时，研究还发现，倾向于同意 ABET 标准的学生成果重点的教职员工拥有更丰富的教育经验，他们为学生提供了更多的写作作业，并允许他们进行协作学习[②]。

8. 研究前沿八：工程设计与设计思维

本主题下的关键词包括：设计思维（design thinking）、设计教育（design education）、设计（design）、工程设计（engineering design）。

Dym，C L 等（2005）指出工程教育的目的是培养会设计的工程师，并且设计思维是复杂的。设计很难学习而又更难教授，工程设计中最受好评的课程设计是基于项目的学习（PBL）。

业界参与设计教育成为风潮。业界的代表可以担任顶石设计课程（capstone design courses）客座讲师、课程顾问、设计项目发起人和团队指导者。业界代表对实际问题具有专业见解，还可以提供对该主题的最新解决方案，并

① Passow H J, Passow C H. What competencies should undergraduate engineering programs emphasize? A systematic review[J]. Journal of Engineering Education, 2017, 106(3)：475-526.

② Mcneil J C, Ohland M W. The influence of abet accreditation practices on faculty approaches to teaching[J]. The International journal of engineering education, 2016, 32(3)：1151-1159.

愿意与学生分享他们的经验，使学生和教职员工受益匪浅。学生通过实际操作前沿设计项目，有机会面对实际问题，了解行业和公司特定的项目管理和产品开发流程，同时可以更熟悉经济，法律、法规设计约束。Goldberg，Jay 等（2014）简要介绍了 Marquette 大学的多学科顶石设计课程，该课程中涉及行业的案例，它提供了其他学校目前使用的实践案例，以及管理行业参与顶石设计课程的有关建议。

新技术，如 3D 数字教育开始广泛用于设计教育。除了产品开发中的传统方法外，两种新的 3D 数字技术，3D 打印和 3D 扫描的可用性不断提高，为当今的产品开发流程提供了新的机遇。Junk，S 等（2015）探讨了将 3D 数字技术有效地用于设计教育的几种方法，介绍了包括逆向工程在内的三个案例，课程中学生可以自己组装和安装 3D 打印机。

工程设计教育研究关注培养学生的创造性问题解决能力（Creative problem solving，CPS）的培养。但是，目前尚不了解 CPS 所需的认知过程。Dumas，Denis 等（2016）使用三种认知能力——发散性思维、工作记忆和关系推理来预测工程设计研究生学习使用 TRIZ 思维方法前后的 CPS。TRIZ 是俄语的首字母缩写，意思是"创造性问题解决理论"，是一种提高工程师生成的设计创造性的方法。研究发现参与者在 TRIZ 指导下产生的设计思想比以前少得多。但是，TRIZ 指导之后的设计更具原创性。通过回归分析，在 TRIZ 指导前后，关系推理被认为是设计创造性的最强预测指标。

跨学科性正成为整个东亚工程设计教育领域关注的一个关键问题，东亚高等教育机构正积极提供跨学科的本科课程，将传统的设计技能与工程知识和方法相结合。Self，James A 等（2017）以一门跨学科的本科课程为案例研究，以研究团队教学的教学策略如何影响学生的学习经验。为此进行了两次学生学习调查。结果显示，与团队授课的受访者相比，由一位教练授课的学生对课程质量有更积极的看法，而且表示愿意更多地参与互动。但同时，调查结果还表明，团队教学却可以从不同学科的角度显著增加学生的多学科知识，团队教学方法在让学生了解不同学科与课程主题的关联方面更有效。

小结

越来越多的技术手段被运用于工程教育，教育技术正在不断改变工程专业教学方式，如虚拟现实、翻转课堂、MOOC、混合学习等。尤其是教育游戏的流行,游戏化设计被广泛运用于提高 MOOC 教学效果。国际工程教育研究前沿关注工程教育课程设计与教学方式的改革,并对多种教学方法的效果进行了大量的实证研究。中国应当在工程教育中大力推广使采用新技术,丰富工程教育教学方式,如 MOOCs、虚拟实验室等。推进工程教育信息化,以信息化促进我国工程教育转型升级,提高我国工程教育质量。工程教育研究者要加强各种教育技术手段在工程教育教学实践中有效性的实证研究。

学生选择就读工程专业的意愿下降,工程专业学生的留存率降低引起国际普遍的关注。同样的,尽管我国工程人才的缺口巨大,但当前工程专业在招生时却频繁遇冷,尤其是一些传统工科。对于其中的原因需要加强研究。

国际工程教育研究前沿关注有色人种、少数族裔、女性等少数群体在工程教育领域的代表性与学习体验。与国际工程教育研究中关注少数族裔、有色人种、女性等弱势群体类似的,中国也应该关注贫困地区、女性、少数民族偏远地区学生接受工程教育的学习体验,进行深入研究,依据研究结果制定相应政策,保障少数群体在工程教育中的代表性与学习质量。

国际工程教育研究中,重视工程能力的培养以及工程教育质量保障,但与此同时也有部分学者开始反思华盛顿体系等工程专业认证是否会束缚部分教师,反而给工程教育教学质量带来负面影响。中国已于 2016 年加入华盛顿协议,我国工程教育正式被纳入国际工程教育认证体系,标志着我国获得认证的专业教育质量将获得国际认可。

国际工程教育研究中创新创业教育主题关注将现实生活中的创业创造纳入学校教育中,在大学环境内弥合创业教育与技术转让之间的鸿沟,同时关注如何在校园环境中培养企业家精神。中国创新创业教育需要产学结合,也要注重在大学教学中培养企业家精神。

三、国际工程教育实践前沿

工程教育国际会议的选题能够反映国际工程教育界对改革与实践中的前沿和热点问题的关注。以国际会议主题作为分析实践前沿材料,主要原因在于工程教育国际会议的参与者,历来不仅包括工程教育研究者,还包括工程教育的政策制定者,大学教师和管理人员、工科学生、工业企业的管理者等等工程教育利益相关群体,通常参会者所关心的,不仅仅是学术问题,还包括行业需求、院校管理、人才培养、课程建设、教学方法、校企合作、创新创业、质量评价等方面的实践问题。本部分主要选取重要的国际工程教育会议中近年来的关于工程教育实践方面的主题，初步描述分析工程教育实践中的前沿和热点问题。

1. 实践前沿一：促进行业、政府和学术界之间的合作

由美国机械工程师协会主办的国际机械工程教育领袖峰会，自 1989 年开始，聚集了来自大学、行业和政府的领导者，是唯一专门面向机械工程教育领域内的院长、系主任的会议，旨在解决影响当前和未来工程教育发展的问题。会议的宗旨是构建教育者、行业、政府和美国机械工程师协会代表之间的关系网络，促进彼此间的伙伴关系并分享有效的促进教育发展的想法，以使学生为毕业后进入劳动力市场做好准备。[①]

"促进行业，政府和学术界之间的合作，以推动全球工程事业的发展"，是美国机械工程师协会的重要目标。通过领袖峰会，大学可以直接从政府和企业那里了解机械工程行业当前面临的挑战和发展的趋势，进而有助于大学开发最新的与实践相结合的机械工程课程，评估当前的机械工程课程是否能使学生为进入劳动力市场做好准备。只有大学真正了解机械工程行业的实际需求才能开发相应课程，使学生获得工作和成功所需的必备知识和技能，从而增加学生在劳动力市场的机会。建立公私合作伙伴关系以及大学与行业的伙伴关系，可以节省资金并向社会提供有价值的面向应用的技术和软件程序。机械工程专业的学生需要具备这些技能和经验，以确保他们在进入劳动力市场时做好准备。峰会为工程教育相关的各方主体提供了沟通协作以及互相学习的机会，协会可以从大学那里学到可靠策略来促进机械工程教育，大学通过了解协会的战略和计划进而提升学校机械工程教育水平。

2. 实践前沿二：女性工程师成长

英国工程委员会非常关注女性工程师，确定了国际工程女性节（International women engineering day, INWED)，举行了一系列活动，以提高全社会对女性工程师巨大贡献的认知，进而为提高女性工程师参与工程职业、获得发展机会提供支持。目前该项目已运行了三年。

---

① ASME International Mechanical Engineering Education Leadership Summit[EB/OL] https://event. asme. org/MEED.

WFEO 为了支持女性工程师的职业参与和发展,围绕可持续发展目标在非洲举办了一系列的会议、讲座、技能竞赛、开放日的活动。目前 WFEO 正在全球范围内努力和加强女性的能力建设,以便参与各国的社会和经济发展。然而,需要做出更大的努力,使女性更多地参与各种领导和技术进步论坛的工程和技术工作。为了增强女性在工程和技术领域的权能,并鼓励女性联合会和整个社会在职业发展和成就方面享有平等机会,女性联合会成立了委员会。这有助于提高女性工程师在女性联合会中的知名度和参与程度,同时也有助于提高她们的能力和领导技能,以实现对社会的高度承诺、能力和责任。因此,第二届工程女性论坛的主题是"领导和授权:努力向上! 拥有未来"。第二届工程女性论坛还面向非洲当地中学生开设了职业讲座,其主题是"青年工程师和未来领袖论坛"。此外,还举办了维多利亚瀑布技能竞赛、维多利亚瀑布度假村工程博览会以及各种职业讲座。卢萨卡、基特韦和利文斯通的工程开放日吸引了约 1000 名与会者,为与非洲及其他地方的工学院、企业、工程组织等提供一个极好的机会。

3. 实践前沿三:少数群体的工程教育

加拿大工程师学会在 2019 年的会议主题是"STEM 的未来本土化",会议的重点是在 STEM 领域内关注原住民的知识学习方式。美国科罗拉多州丹佛的一所公立学校致力于探索"弥补课堂文化差距的原住民方法"。埃德加·维拉努耶娃(Edgar Villanueva),作家兼慈善机构高管,在他关于多样性、公平和包容在所有经济社会部门中重要性的主旨演讲中提出要特别关注少数群体在工程科技领域内的学习。少数群体包括原住民、同性恋(LGBTQ)、残疾人等社会弱势群体。关注少数群体的工程教育是社会公平正义的重要体现。全社会应鼓励少数群体学习 STEM 课程,提升他们的学习能力,并为其进入劳动力市场做充分的准备。

4. 实践前沿四:工程教育方法变革

英国工程委员会的工科教授委员会(EPC)年会 2018 年 5 月 14 日至 16 日在哈珀亚当斯大学(Harper Adams University)举行。其突出议题为讨论当前的工程教育能否适应未来,并探讨了教学、研究和与工业界的关系如何能够应对瞬息万变的世界的挑战。

2018 年工程和技术学会(IET)年度"行业技能和需求"调查显示,尽管对工程人员的需求有所增加,但英国雇主发现,许多新的工程毕业生存在严重的技能缺陷。英国高等工程教育方法审查会议(Conference to examine approaches to Engineering in Higher Education)2019 年的会议主题是"高等教育工程新途径"。会议提出,为确保一个可持续的经济未来,需要重新平衡经济,转向技术,并大幅增加英国大学和学院的工科毕业生人数。并认为,世界各地提出并实施了新的举措,通过破坏性创新解决这些问题,即使高等工程教育更适合工业界的需要,并吸引学生。教育改革者在会议上介绍了新的学位课程和工程本科课程的创新方法。此外,英国还设置了国家学徒周(National Apprenticeship Week),推动新型学徒制对青年工程师职业生涯的支持。

5. 实践前沿五:人工智能时代的工程教育

WFEO 人工智能和教育问题国际会议于 2019 年 5 月 16 日—18 日在中国北京举行。会议就以下问题进行了讨论:是否可以预期到在人工智能时代成功应对所需的技能,并分享发展这些技能的经验,使人类能够适应由人工智能提供信息的社会;人工智能的最新趋势以及这些趋势如何影响教育和学习;评估从新出现的国家政策和战略中吸取的经验教训,以便利用人工智能实现SDG 4;加强国际合作和伙伴关系,促进公平、包容和透明地在教育中使用人工智能。

6. 实践前沿六:工程领导力教育

全球工程院长理事会(GEDC)的目标是提高工程系院长改造学校的能力,以支持全球经济中的社会。使命是作为一个全球性的工程院长网络,并利用集体优势,促进工程教育和研究。GEDC 2019 年年会的主题是"工程头脑,心和手:有目的的影响"。该会议 2019 年 10 月 20 日—23 日在智利圣地亚哥举办。会议以"全球化背景下的工学教育领导力"为主题,来自全球各地的工学院院长在大会上探讨了工程教育的现状与问题,并通过这一契机开展工程教育的合作,共同解决和应对国际工程教育者面临的问题和挑战。会议持续两天,共设六个议题:组织领导力、可持续发展问题、课程创新、新院长培训、工学教育测评、全球化背景下的工学教育。

7. 实践前沿七：工程伦理教育

英国工程委员会每年召开一次工程伦理会议（Engineering Ethics Conference），目标是使来自工业、高等教育和专业工程机构的决策者共同创造嵌入伦理原则的工程教育。亚太工程组织联合会（FEIAP）会议很早就关注工程领域内的伦理道德问题，例如 2013 年的主题是"整合创新与道德 Integrating Innovation & Ethics"。会议的主题是促进可持续发展的工程倡议：将创新与伦理结合起来。

8. 实践前沿八：工程师认证和工程师流动

工程师认证和共同能力标准在全球化经济和日益增加的跨国教育中日益重要。国际工程联盟（International Engineering Aliance）通过促进工程方案的全球标准和承认质量认证制度为社会服务。为了实现这一目标，国际工程联盟的成员每年举行一次会议。会议使组成联盟的组织有机会审议与认证方面的最佳做法有关的战略问题，讨论政策和程序，听取认证审查意见，并就成员资格申请做出决定。2019 年 6 月，国际工程联盟系统讨论了《工程教育毕业要求与专业能力》（GAPC）标准修订问题，世界工程组织联合会与联合国教科文组织作为专家组成员全程参加了标准修订工作。

9. 实践主题九：面向可持续发展目标的工程教育

可持续发展是国际会议近年来关注最多的主题之一。2019 年世界工程师大会（World Engineers Convention 2019）在澳大利亚墨尔本举行，该国际会议被称为"工程奥林匹克"，每四年举行一次，吸引了来自 70 多个国家的 1300 多人参加。2019 年世界工程大学的主题是"工程一个可持续的世界：下一个 100 年"。2019 年 WFEO 与教科文组织联合开展了非洲工程周和非洲工程会议（2019 UNESCO-Africa Engineering Week and Africa Engineering Conference），会议的主题是"通过可持续工程发展解决可持续发展问题"。该活动将以综合性技术方案和专题介绍为特色，由主旨发言人和充满活力的社会方案组成。在本周举行的活动中，将包括但不限于以下活动：由住房和基础设施发展部长发起联合国教科文组织工程周。ECSA、IEA 和 IEA 举办的工程教育能力建设讲习班。

联合国科技创新论坛聚焦于科学、技术和创新促进可持续发展这一目标。审视科学合作、创新和能力建设方面的需要和差距,并帮助促进可持续发展目标相关技术的开发、转让和传播。第四届科技创新促进可持续发展目标多利益攸关方年度论坛(STI Forum 2019—Multi-stakeholder Forum on Science, Technology and Innovation for the SDGs)于 2019 年 5 月 14 日至 15 日在纽约联合国总部举行。重点关注科技创新为公众赋能,确保包容性和平等,本年度论坛重点讨论了可持续发展目标 4 优质教育,目标 8 经济增长,目标 10 减少不平等,目标 13 气候行动,目标 16 和平与发展。分论坛议题包括:科技创新的交叉本质;新兴技术集群和快速技术变革对可持续发展目标的影响;加强制定科学、技术和创新路线图的能力和政策;科学、技术和创新促进未来的教育和体面工作(SDG 4 和 SDG 8);性别与科学、技术和创新促进可持续发展目标;光明的未来—青年、创新生态系统与发展;促进包容性和公平社会的科学、技术和创新(SDG 10 和 SDG 16);科学、技术和创新为应对气候变化及其影响采取行动。(SDG 13);将原住民人民的科学、技术和创新、文化和传统知识与可持续发展目标的实现联系起来;支持执行技术促进机制与联合行动。

第七章　主要结论及政策建议

本章内容从工程教育实践与研究两个方面对国际工程教育合作战略发展的趋势与前沿做了总结,并结合中国实际,从人才流动、组织、研究、高校合作的角度提出了促进中国工程教育国际战略合作的若干政策建议。

一、国际工程教育发展趋势

发展趋势一:工程在世界可持续发展中扮演日益重要的角色。联合国2030年可持续发展议程作为包含环境、经济、社会多个维度的全球性综合发展框架,其17个发展目标的实现全部有赖于工程科技的支持。

发展趋势二:全球价值链分工体系下制造业竞争加剧。历次工业革命,制造业发展是先声,也是国家竞争的核心。从制造业增加值的数据来看,进入21世纪以来,世界制造业的重心发生了历史性转移。中国已经开始在全球价值链上扮演先进制造业和服务业提供者的角色,与发达国家在制造业方面的竞争正在加剧。

发展趋势三:区域工程能力建设不平衡的趋势正在扩大。联合国教科文组织统计所(UIS)的数据显示,非洲国家与欧洲、北美和亚太地区的部分国家,每百万人口中,包括工程师和科学家在内的研发人员规模上存在着巨大的差距。这一差距在近10年来不仅没有缩小,反而有扩大的迹象。

发展趋势四:全球劳动力市场结构正在加快调整。国际劳工组织的数据显示,世界农业劳动力的规模正在快速下降,工业和服务业的劳动力规模正在快速上升。随着世界制造业的发展和分工的调整,工业就业人员的需求空间巨大。

发展趋势五：工业就业人口的区域分布正发生重要变化。由于工程技术对于发展中国家的经济社会发挥更加重要的作用，亚洲和非洲地区的工业从业人员正在快速增长。随着产业结构升级转型，这些工业行业从业人员的技能维持与更新将对各国工程教育和继续教育的能力提出新的挑战。在发展中国家和地区，工业就业人口占总就业人口的比例，总体上呈现上升趋势；而在发达国家和地区，工业就业人口占比普遍呈下降趋势。

发展趋势六：世界高等教育发展迈入快车道。从1970年到2018年，世界高等教育毛入学率持续增长，2018年，全球高等高等教育毛入学率达到38%。特别是进入21世纪以来，在高收入国家和部分中等收入国家，高等教育的大众化、普及化进程在加快。

发展趋势七：高等教育的区域发展呈现出不同特点。世界高等教育规模的区域结构正在发生调整。根据联合国教科文组织的数据，2000—2015年欧洲和北美地区的高等教育增长较为平缓，而亚洲高等教育近15年的发展最令人瞩目。

发展趋势八：不同收入水平国家的教育支出严重不均衡。高收入国家、中等以上收入国家的国家财政性教育支出经费占GDP的比例均呈现上升趋势，而中等收入以下国家却有下降的趋势。中国近年一直保持国家财政性教育支出占GDP比例不少于4%的政策，这一比例已经与世界中等以上收入国家的教育支出比例接近。

发展趋势九：高等工程教育规模上的优势有削弱的倾向。虽然过去10年间，世界高等教育毛入学率迅速增长，很多发展中国家进入大众化阶段，甚至是普及化阶段，但是学习工程的学生情况却并不乐观。从可得数据来看，除了中国、印度等国之外，世界工科在校生和毕业生规模的排序正在下降。

发展趋势十：工程教育国际合作面临高度不确定性。在全球性公共卫生危机、大国科技竞争常态化与中国扩大对外开放的多重背景下，我国与发达国家特别是美国的工程科技、工程教育合作正在经历40年以来最大的变化。西方发达国家在高科技领域与中国"脱钩"的进程正在加快，打压中国高科技企业的手段不断升级，限制理工科特别是关键核心领域学生留学和学者交流的政策日益收紧，国际工程界的既有合作机制面临空前严峻的挑战，未来工程教育领域的国际合作充满高度不确定性，中国参与国际工程教育治理的机会与风险同时在增加。

二、国际工程教育研究前沿

研究前沿一：技术促进工程教育发展。在工程教育领域，信息和通信技术正在不断创新学生的教与学方法。在线学习最为关注交互性。在基于 Web 的学习环境中，交互性已被视为成功进行在线学习的最重要元素。技术促进工程教育主题下的关键词包括在线学习（e-learning）、远程学习（distance learning）、教育技术（educational technology）、混合学习（blended learning）、MOOC、moodle、远程教育（distance leducation）、游戏化（gamification）。

研究前沿二：多样性与工程伦理。多样性与工程伦理主题下的研究研究关注少数群体在接受工程教育时面临的困难与挑战以及工程专业学生保留率的问题。该主题下关键词包括：多样性（diversity）、性别（gender）、女性（women）、平等（equity）、伦理（ethics）。

研究前沿三：创新创业教育。大学环境内弥合创业教育与技术转让之间的鸿沟。在工程学位课程中培养企业家精神。技术在大学水平的工程学中，创业学习或获得创业技能已成为重要的话题。创新创业本主题关键词包括：创新（Innovation）、创业（entrepreneurship）、创业教育（entrepreneurship education）、创意（Creativity）。

研究前沿四：STEM 教育。STEM（科学、技术、工程和数学）教育主题下的研究重点关注女性和少数族裔在 STEM 教育中面临的问题，STEM 教育形式的改革。

研究前沿五：课程与教学。课程与教学主题下的研究关注工程教育的课程设计、教学方式与学习方式的改革。本主题下的关键词包括：基于问题/项目的学习（PBL）、合作学习（collaborate learning）、主动学习（active learning）、基于工作室的学习（studio based learning）、基于团队的学习（TBL）、基于设计的学习（DBL）等。

研究前沿六：工程教育促进可持续发展。研究关注如何在工程教育中传播和整合可持续性的理念。可持续性越来越成为工程师的重要考虑因素，对可持续发展的关注影响学生专业和职业选择，大学需要更好地理解可持续性概念来设计工程教育项目。该主题下的关键词包括：可持续发展（sustainable development）、可持续性（sustainability）等。

研究前沿七:评估认证与质量保障。研究关注国际认证以及通用的工程能力问题,同时也有研究反思 ABET 认证可能对教学质量产生的负面影响。本主题下的关键词包括:测试(assessment)、评估(evaluation)、认证(accreditation)、ABET、质量保障(quality assurance)。

研究前沿八:工程设计与设计思维。工程设计教育的研究关注如何培养学生的创造性问题解决能力(CPS)。行业参与设计教育成为一种趋势,包括担任顶石课程顾问、参与教学等。3D 打印技术可以更广泛地用于设计教育。跨学科性正成为整个东亚工程设计教育领域关注的一个关键问题。本主题下的关键词包括:设计思维(design thinking)、设计教育(design education)、设计(design)、工程设计(engineering design)。

三、国际工程教育实践前沿

实践前沿一:促进行业、政府和学术界之间的合作。政产学研合作是工程教育的基本途径,多方利益相关者关注合作的机制和各自角色问题。合作模式与机制的讨论是国际会议讨论的重点,特别是工业界与大学教育的合作的具体方式。

实践前沿二:关注女性工程师成长。例如一些组织设立女工程师节,提高工程职业对女性的吸引力。WFEO 为了支持女性工程师的职业参与和发展,围绕可持续发展目标在非洲举办了一系列的会议、讲座、技能竞赛、开放日的活动。

实践前沿三:关注少数群体的工程教育学习体验。国际上特别关注有色人种、少数族裔、女性工程师、抑郁症患者、残疾人士等少数群体在工程教育领域的代表性与学习体验。保障少数群体在工程教育中的代表性与学习质量。

实践前沿四:工程教育方法变革。例如英国开展对未来工程师能力的调查,以及讨论当前的工程教育能否适应未来,并探讨了教学、研究和与工业界的关系如何能够应对瞬息万变的世界的挑战。

实践前沿五:人工智能时代的工程教育。例如 WFEO 召开人工智能与教育会议,探讨人工智能时代所需的技能;人工智能的最新趋势以及这些趋势如何影响教育和学习;评估从新出现的国家政策和战略中吸取的经验教训,以便利用人工智能实现 SDG 4;加强国际合作和伙伴关系,促进公平、包容和透明地在教育中使用人工智能。

实践前沿六：工程领导力教育。例如全球工学院长理事会召开专题会议，讨论组织领导力、可持续发展问题、课程创新、新院长培训、工学教育测评、全球化背景下的工学教育等问题。

实践前沿七：工程伦理教育。例如英国工程理事会每年召开一次工程伦理会议（Engineering Ethics Conference），目标是使来自工业、高等教育和专业工程机构的决策者共同创造嵌入伦理原则的工程教育。亚太工程组织联合会（FEIAP）会议很早就关注工程领域内的伦理道德问题。

实践前沿八：工程教育认证和工程师流动。工程师认证和共同能力标准在全球化经济和日益增加的跨国教育中日益重要。例如国际工程联盟（International Engineering Aliance）通过促进工程专业的全球标准和承认质量认证制度为社会服务。《工程教育毕业要求与专业能力》（GAPC）标准修订问题，世界工程组织联合会与联合国教科文组织作为专家组成员全程参加了标准修订工作。

实践前沿九：面向可持续发展目标的工程教育。可持续发展是国际会议近年来关注最多的主题之一。例如 WFEO 关注通过可持续工程发展解决可持续发展问题，联合国科技创新论坛聚焦于科学、技术和创新促进可持续发展。

四、国际工程教育研究合作

从国家层面来看，2000 年以来，美国、西班牙、英格兰、中国等是国际工程教育研究的主要国家和地区。尤其是美国在国际工程教育合作网络中占据核心位置，无论是文献数量，还是合作网络中的位置都具有相当的优势。英语国家拥有天然优势。中国的工程教育研究在数量上逐年增长，与较多国家进行了合作，而且在总量上位居前列。但从合作网络结构洞指标来看，中国在国际工程教育研究合作网络中掌握的学术资源相对较少，在国际工程教育研究合作网络中的地位还有待提升。从各个国家合作情况来看，具有相同语言文化、地理位置接近的国家和地区更容易进行工程教育研究合作。

从机构层面来看，无论是国际合作数量，还是论文被引情况，当前国际工程教育研究领域内的核心机构都来自美国，以普渡大学为代表的美国大学是研究工程教育的中心。美国的机构在工程教育研究领域广泛合作，形成了以普渡大学工程教育学院、华盛顿大学工程教育中心等机构为核心的科研合作网络。作为一个整体的中国工程教育研究国际化水平不断提升，中国的科研机构也正积极进行工程教育研究国际发表，但是目前从数量与质量上看，尚未有特别突出的机构。

从作者层面来看，美国工程教育研究者在国际工程教育研究网络中占据优势地位。美国不同机构的研究者之间合作十分密切，形成较大的学术共同体。不可否认中国目前有数量众多的工程教育研究者，中国工程教育研究者最主要是发表中文论文，同样也为促进中国工程教育发展做出贡献。但在国际学术网络中，中国工程教育研究者的声音还不够响亮。从国际工程教育研究高产作者合作网络密度上看，国际工程教育研究合作网络较为松散，合作互动情况不多，一方面表示蕴含巨大资源，但由于网络密度过低，影响到了新知识的传播。

应继续推进工程教育国际科研合作，鼓励和资助研究者与学生的国际交流访问。中国是世界上最大的工程教育国家，进行了诸多工程教育改革实践，拥有极为丰富的工程教育案例。中国的工程教育研究者应主动走出国门，积极发展校际、国际合作，立足中国，保持开放，向世界介绍中国的工程教育实践，提高工程教育科研国际化水平。同时不断提高工程教育研究的质量，并积极地在研究中承担主导任务。

五、国际工程组织参与

参与国际组织是发挥国际影响力的重要前提。国际工程联盟（IEA）、世界工程组织联合会（WFEO）、电气电子工程师学会（IEEE）、国际咨询工程师联合会（FIDIC）、亚太工程组织联合会（FEIAP）等机构都设立专门的教育机构。根据对这五个最为活跃的工程国际组织的调查研究发现，中国作为工程大国和工程教育大国，近年来在这些组织的核心机构（例如主席、副主席、执委会、秘书处）中担任职务的日益增多，部分人员非常活跃，但是如果从管理者国籍分布来看，中国专家参与的数量和持续性还不够。特别是一些对制定国际标准具有重要话语权的机构中，例如 IEA，核心领导部门中还没有中国籍专家。这些组织一方面积极希望吸引中国的参与以扩大影响，但是受话语体系、语言能力、个体活跃性等因素的影响，中国工程技术和教育专家在领导机构里的参与面和显示度明显不足。关于如何培养和举荐专业人士进入这些机构，需要面向未来工程科技与工程教育合作进行长远规划，建立起有效的渠道与机制。

六、国际工程教育战略合作的政策建议

(一)排除干扰,充分发挥专业组织力量,拓展科技教育外交渠道,坚定开展工程教育领域国际合作

面对中美科技竞争不断升级的挑战,必须主动加强科技外交能力,在政府支持下,主要借助工业界和教育界的专业力量,维护数十年来建立的国际合作网络,为未来合作开拓空间。

第一是将走进去作为参与国际组织治理的重要方向。一是充分发挥中国工程院、中国科协等专业机构在国际合作中的作用。持续加强已有良好合作基础的组织的对接,重点在技术标准、人才标准、智库研究等方面开展合作。二是建立工程科技与工程教育组织数据库。对工程科技和工程教育领域重要国际组织的基本信息、会员信息、治理规则、活动动态、执行机构的政治倾向等精准把握,在此基础上进一步识别和选择影响力大或潜力大,具有合作发展空间的国际组织重点开展合作。三是有意识地塑造中国工程师的良好形象。以促进人文交流和民心相通为目标,借助国际工程建设合作项目、高校间合作项目、国际组织内外友好人士、专业学会、智库机构、基金会、工业企业等渠道,宣传中国工程师的良好形象,传播中国工程文化,分享中国工程科技和工程教育的理念和实践经验。

第二是重点做好三种合作机制的建设。一是组织间沟通互信机制,创新沟通渠道,拓展交流网络,保持沟通频率,加强组织间的常态化信息交流与共享,基于共商共建共享理念,通过双边、多边协商,不断建立起稳固的互信机制,巩固和扩大工程科技和工程教育领域的朋友圈;二是工程能力建设支持机制,以联合国2030年可持续发展议程、"一带一路"建设等全球性倡议为纽带,将培养当地工程人才提供中国经验和实质支持,促进"一带一路"沿线国家工程能力建设和工程教育发展。三是人才培养举荐机制。加强有目标的培养和举荐,积极促进中国专家在重点国际组织治理中的参与度和领导力。

(二)深度参与国际标准制定,在局部区域和优势领域促进工程教育和工程师资格互认,促进工程师国际流动

将工程教育和工程师资格认证作为提高中国工程教育质量的重要手段,

通过国际合作促进建立国家工程师制度。

第一是在加入《华盛顿协议》的基础上，继续加强《悉尼协议》《都柏林协议》等国际协议的研究。以外促内，继续推动工程师制度改革。建议由中国科协、中国工程院、教育部、人力资源社会保障部等部门会商，组织专门研究团队开展加入国际协议的预研究工作。第二是加强工程师继续教育。进一步整合企业、大学和政府的继续教育资源，以提升工程师胜任力为导向，以专业学会、地方工程师学会等专门机构为依托，采用学位教育和非学位教育等多种方式，为工程师持续性职业发展提供支持。第三是探索局部区域、优势领域的工程师资格认可。结合"一带一路"工程建设项目，等效国际标准或共商双边互认标准，积极推进工程师资格互认，促进工程科技人才的国际和区域流动。

（三）加强国际工程教育研究合作，主动融入国际学术话语体系，向国际工程教育界介绍中国工程教育的最佳实践

重点开展五项工作：一是有选择的请进来。借助国家外专局、国家自然基金委、留学基金委国际交流合作项目，加强学者的互派互访，鼓励中外联合举办国际会议，提升中国工程教育研究的国际化水平。二是有重点的走出去。中国大学校长、工科院系管理者、工科教师、工程教育研究者，主动参加工程科技和工程教育领域的重要国际会议，不断提高中国工程教育研究在全球的显示度。三是支持工程教育国际合作研究。建议国家自然基金委、中国工程院、教育部等联合设立国际工程教育研究专项项目，鼓励开展工程教育国际合作研究，促进研究者熟悉和了解融入国际学术话语体系，数量进行话语转换，讲好工程教育的中国故事。四是加强工程教育研究队伍建设。理工科大学或者具有工科优势的综合性大学，可以设立工程教育专门机构和中心，条件成熟的可以设立工程教育研究的学位项目，培养一批具有多学科背景，对工程教育发展战略和工程科技人才成长规律有深入研究的高层次人才。

（四）加强中外高校间、校企间工程教育合作

中国将有越来越多的工业企业成为全球企业，中国工程师将越来越多的在跨文化环境中工作。当前可重点开展两类人才培养的合作：一是培养适应"一带一路"沿线国家工程科技发展需求的人才。借助中国院校工程教育和继续工程教育的资源和经验等，建立工程实践通过校企合作、短期研修、依托工

程项目培训等多种方式,加强企业派出和当地的工程技术人才的能力建设,特别是高级复合型人才和高技能人才的培养,以高质量工程人才支撑"一带一路"建设高质量发展。二是培养具有全球胜任力的国际工程组织人才。重视国际工程科技和工程教育组织中国专业人员较少,活跃度不够的问题,有计划地培养相应地通晓国际事务规则、掌握跨文化交际、具备良好的工程科技素养的人才,为国际工程及工程教育组织输送优秀人才。

附　　录

附录1　全球工程教育发展主要指标

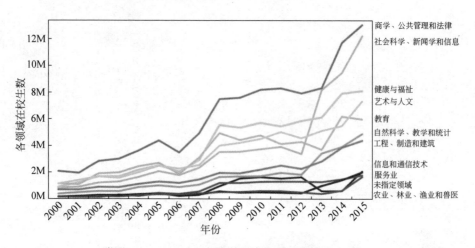

附图1　2000—2015年高等教育在校生专业分布（女）

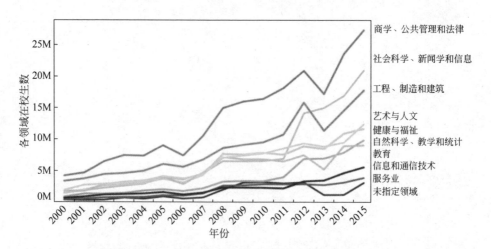

附图2　2000—2015年高等教育在校生专业分布（男女）

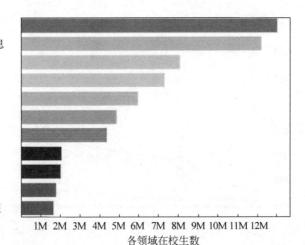

附图 3　2015 年高等教育在校生专业分布（女）

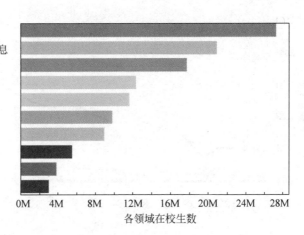

附图 4　2015 年高等教育在校生专业分布（男女）

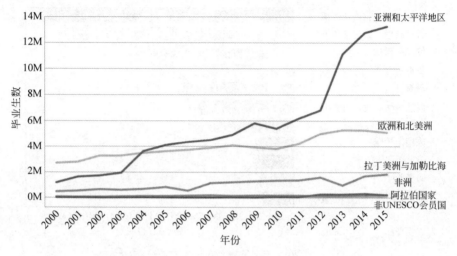

附图5　2000—2015年高等教育毕业生（女）地域分布

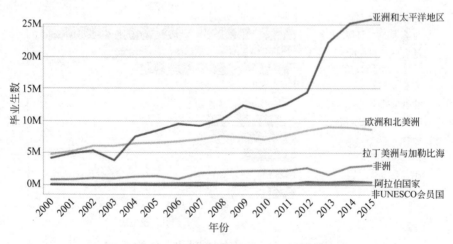

附图6　2000—2015年高等教育毕业生（男女）地域分布

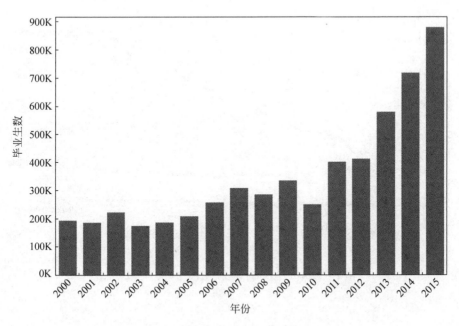

附图 7　2000—2015 高等教育中工科毕业生（女）数

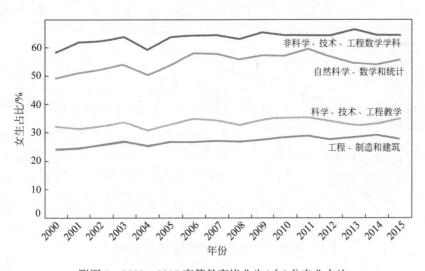

附图 8　2000—2015 高等教育毕业生（女）分专业占比

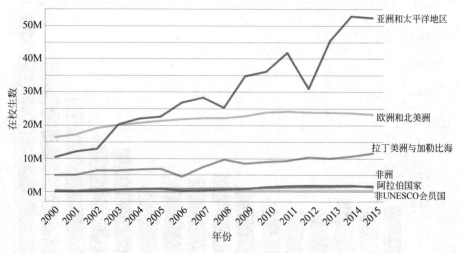

附图 9　2000—2015 高等教育在校生(女)地域分布

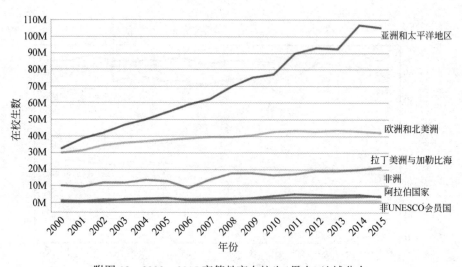

附图 10　2000—2015 高等教育在校生(男女)地域分布

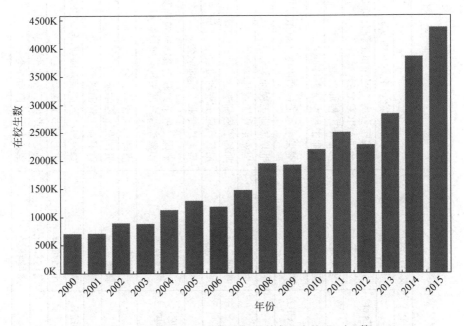

附图 11　2000—2015 高等教育工科专业在校生(女)数

附录 2　WFEO 组织会员名单

国家/地区（英文）	WFEO（世界工程组织联合会）组织会员名单（中英文）		国家/地区（中文）	会员名称（中文）
	会员名称（英文）			
Cameroon	Association Professionnelle des Ingénieurs Conseils et Sociétés d'Ingénierie du Cameroun (APICCAM)		喀麦隆	喀麦隆咨询工程师和工程公司专业协会（APICCAM)
Malawi	Malawi Institution of Engineers		马拉维	马拉维工程师学会
South Africa	Engineering Council of South Africa		南非	南非工程委员会
Democratic Rep. of Congo	L'Association Congolaise des Ingénieurs Civils (ACIC)		刚果民主共和国	刚果土木工程师协会（ACIC)
Mauritius	The Institution of Engineers, Mauritius		毛里求斯	毛里求斯工程师学会
Tanzania	The Institution of Engineers, Tanzania		坦桑尼亚	坦桑尼亚工程师学会
Ghana	Ghana Institution of Engineers		加纳	加纳工程师学会
Nigeria	The Nigerian Society of Engineers		尼日利亚	尼日利亚工程师协会
Uganda	Uganda Institution of Professional Engineers		乌干达	乌干达专业工程师学会
Ivory Coast	Fédération Nationale des Organisations d'Ingénieurs, Architectes Géomètres et Urbanistes de Côte d'Ivoire (FIACI)		科特迪瓦	全国工程组织联合会、建筑师测量师和象牙海岸城市规划师（FIACI)
Rwanda	The Institution of Engineers Rwanda		卢旺达	卢旺达工程师学会
Zambia	The Engineering Institution of Zambia		赞比亚	赞比亚工程学院
Kenya	Institution of Engineers of Kenya		肯尼亚	肯尼亚工程师学会
Senegal	Union Nationale des Ingénieurs du Sénégal (UNISEN)		塞内加尔	塞内加尔全国工程师联合会（UNISEN)
Zimbabwe	Engineering Council of Zimbabwe		津巴布韦	津巴布韦工程委员会
Madagascar	Ordre des Ingénieurs de Madagascar		马达加斯加	马达加斯加工程师的命令
Sierra Leone	Sierra Leone Institution of Engineers		塞拉利昂	塞拉利昂工程师学会

续表

WFEO (世界工程组织联合会) 组织会员名单 (中英文)			
国家/地区 (英文)	会员名称 (英文)	国家/地区 (中文)	会员名称 (中文)
Argentina	Union Argentina de Asociaciones de Ingenieros (UADI)	阿根廷	阿根廷工程师协会联盟 (UADI)
Colombia	Sociedad Colombiana de Ingenieros	哥伦比亚	哥伦比亚工程师协会
Peru	Peruvian Engineers Association	秘鲁	秘鲁工程师协会
Belize	Association of Professional Engineers of Belize	伯利兹	伯利兹专业工程师协会
Costa Rica	Colegio Federado de Ingenieros y de Arquitectos de Costa Rica (CFIA)	哥斯达黎加	哥斯达黎加联邦工程师和建筑师学院 (CFIA)
Puerto Rico	Colegio de Ingenieros y Agrimensores de Puerto Rico	波多黎各	波多黎各各工程师和测量师学院
Bolivia	Sociedad de Ingenieros de Bolivia	玻利维亚	玻利维亚工程师协会
Cuba	Unión nacional de arquitectos e ingenieros de la construcción de Cuba	古巴	古巴全国建筑师和建筑工程师联合会
Uruguay	Asociacion de Ingenieros del Uruguay	乌拉圭	乌拉圭工程师协会
Brazil	Federaçao Brasileira de Associacoes de Engenheiros (FEBRAE)	巴西	巴西工程师协会联合会 (FEBRAE)
Ecuador	Sociedad de Ingenieros del Ecuador	厄瓜多尔	厄瓜多尔工程师协会
USA	American Association of Engineering Societies (AAES)	美国	美国工程师协会 (AAES)
Canada	The Canadian Academy of Engineering	加拿大	加拿大工程师协会
Honduras	Colegio de Ingenieros Civiles de Honduras (CICH)	洪都拉斯	洪都拉斯土木工程师学院 (CICH)
Chile	Instituto de Ingenieros de Chile	智利	智利工程师协会
Mexico	nion Mexicana de Asociaciones de Ingenieros A.C.(UMAI)	墨西哥	墨西哥工程师协会 (UMAI)
Algeria	Union Nationale des Scientifiques et Technologues Algériens (UNSTA)	阿尔及利亚	全国阿尔及利亚科学家和技术人员联盟 (UNSTA)
Lebanon	Ordre des Ingénieurs et Architectes de Beyrouth	黎巴嫩	贝鲁特工程师和建筑师协会

续表

国家/地区（英文）	WFEO（世界工程组织联合会）组织会员名单（中英文）		
	会员名称（英文）	国家/地区（中文）	会员名称（中文）
Saudi Arabia	Saudi Council of Engineers	沙特阿拉伯	沙特工程师协会
Bahrain	The Bahrain Society of Engineers	巴林	巴林工程师协会
Libya	Libyan Syndicate of Engineers	利比亚	利比亚工程师联合会
Egypt	Egyptian Engineers Syndicate	埃及	埃及工程师联合组织
Morocco	Union Nationale des Ingénieurs Marocains	摩洛哥	摩洛哥工程师全国联盟
Sudan	Federation of Sudanese Engineers	苏丹	苏丹工程师联合会
Iraq	The Iraqi Engineers' Union	伊拉克	伊拉克工程师联盟
Oman	Oman Society of Engineers	阿曼	阿曼工程师协会
Syria	Order of Syrian Engineers and Architects	叙利亚	叙利亚工程师和建筑师的命令
Jordan	Jordan Engineers' Association	约旦	约旦工程师协会
Palestine	General Union of Palestinian Engineers (GUPE)	巴勒斯坦	巴勒斯坦工程总联合会（GUPE）
Tunisia	Ordre des ingénieurs tunisiens	突尼斯	突尼斯工程师协会
Kuwait	Kuwait Society of Engineers	科威特	科威特工程师协会
Qatar	The Qatar Society of Engineers	卡塔尔	卡塔尔工程师协会
United Arab Emirates	Society of Engineers, UAE	阿拉伯联合酋长国	阿联酋工程师协会
Yemen	Syndicate of Yemeni Engineers	也门	也门辛迪加工程师协会
Australia	Engineers Australia	澳大利亚	澳大利亚工程师协会
Bangladesh	Institution of Engineers, Bangladesh	孟加拉国	孟加拉国工程师学会
China	China Association for Science and Technology (CAST)	中国	中国科学技术协会（CAST）
Chinese Taipei	The Chinese Institute of Engineers	中国台湾地区	中国工程师学会
Fiji Islands	The Fiji Institution of Engineers	斐济群岛	斐济工程师学会
Hong Kong, SAR of China	The Hong Kong Institution of Engineers	中国香港特别行政区	香港工程师学会

续表

WFEO（世界工程组织联合会）组织会员名单（中英文）

国家/地区（英文）	会员名称（英文）	国家/地区（中文）	会员名称（中文）
India	The Institution of Engineers, India	印度	印度工程师学会
Japan	Science Council of Japan	日本	日本科学理事会
Korea	The Korean Federation of Engineering Organisations	韩国	韩国工程组织联合会
Malaysia	The Institution of Engineers, Malaysia	马来西亚	马来西亚工程师学会
Mongolia	Mongolian Federation of Engineering Organizations (MFEO)	蒙古	蒙古工程组织联合会（MFEO）
Myanmar	Myanmar Engineering Council (MEngC)	缅甸	缅甸工程委员会（MEngC）
Nepal	Nepal Engineers' Association	尼泊尔	尼泊尔工程师协会
New Zealand	The Institution of Professional Engineers	新西兰	专业工程师学会
Pakistan	nstitution of Engineers, Pakistan	巴基斯坦	巴基斯坦工程师协会
Singapore	The Institution of Engineers, Singapore	新加坡	新加坡工程师学会
Sri Lanka	The Institution of Engineers, Sri Lanka	斯里兰卡	斯里兰卡工程师学会
Philippines	Philippine Technological Council	菲律宾	菲律宾技术委员会
Bulgaria	Federation of the Scientific—Engineering Unions in Bulgaria	保加利亚	保加利亚科学工程联合会
Croatia	Croatian Chamber Of Civil Engineers	克罗地亚	克罗地亚土木工程师协会
Cyprus	Scientific Technical Chamber of Cyprus	塞浦路斯	塞浦路斯科学技术商会
Czech Republic	The Czech Association of Scientific and Technical Societies	捷克共和国	捷克科学技术协会协会
France	Ingénieurs et Scientifiques de France	法国	法国工程师和科学家
Greece	Technical Chamber of Greece	希腊	希腊技术商会
Hungary	The Federation of Technical and Scientific Societies	匈牙利	技术和科学协会联合会
Italy	Consiglio Nazionale degli Ingegneri	意大利	全国工程师理事会

国家/地区（英文）	WFEO（世界工程组织联合会）组织成员名单（中英文）		
	会员名称（英文）	国家/地区（中文）	会员名称（中文）
Macedonia	Chamber of Certified Architects and Certified Engineers of Republic of Macedonia	马其顿	马其顿共和国注册建筑师和注册工程师协会
Malta	Chamber of Engineers	马耳他	工程师协会
Moldavia	Engineering Association of Moldavia	摩尔达维亚	摩尔达维亚工程协会
Montenegro	Engineers Chamber of Montenegro	黑山	黑山工程师协会
Poland	Polish Federation of Engineering Associations—Naczelna Organizacja Techniczna	波兰	波兰工程协会联合会—首席技术组织
Portugal	Ordem dos Engenheiros	葡萄牙	工程师协会
Romania	The General Association of Engineers in Romania (AGIR)	罗马尼亚	罗马尼亚工程总协会（AGIR）
Russia	Russian Union of Scientific and Engineering Associations (RUSEA)	俄罗斯	俄罗斯科学与工程协会联盟（RUSEA）
Serbia	Serbian Chamber of Engineers	塞尔维亚	塞尔维亚工程师协会
Slovak	Association of Slovak Scientific & Technological Societies (ZSVTS)	斯洛伐克	斯洛伐克科学技术协会（ZSVTS）
Slovenia	Slovenian Chamber of Engineers	斯洛文尼亚	斯洛文尼亚工程师协会
Spain	Instituto de la Ingenieria de España	西班牙	西班牙工程研究所
Switzerland	Swiss National Committee for FEANI-WFEO—Swiss Society of Engineers and Architects (SIA) & Swiss Engineering (STV)	瑞士	瑞士国家委员会 FEANI-WFEO—瑞士工程师和建筑师协会（SIA）和瑞士工程（STV）
Turkey	The Union of Chambers of Turkish Engineers and Architects (TMMOB)	土耳其	土耳其工程师和建筑师协会（TMMOB）
Ukraine	Ukrainian Union Scientific and Engineering Associations (UUSEA)	乌克兰	乌克兰联盟科学与工程协会（UUSEA）
United Kingdom	The Institution of Civil Engineers (ICE)	英国	土木工程师协会（ICE）

附录3　FIDIC 组织会员名单

国家/地区（英文）	FIDIC（国际咨询工程师联合会）组织会员名单（中英文）会员名称（英文）	国家/地区（中文）	会员名称（中文）
Albania	Albanian Association of Consulting Engineers	阿尔巴尼亚	阿尔巴尼亚咨询工程师协会
Australia	Consult Australia	澳大利亚	澳大利亚咨询协会
Austria	Austrian Consultants Association	奥地利	奥地利咨询协会
Azerbaijan	National Engineering Consultancy Society of Azerbaijan	阿塞拜疆	阿塞拜疆国家工程咨询协会
Bahrain	Bahrain Society of Engineers	巴林	巴林工程师协会
Bangladesh	Bangladesh Association of Consulting Engineers	孟加拉国	孟加拉国咨询工程师协会
Belgium	Organisation des Bureaux d'Ingenieurs-Conseils, d'Ingenierie et de Consultance	比利时	工程咨询办公室
Bosnia and Herzegovina	Association of Consulting Engineers of Bosnia and Herzegowina	波斯尼亚和黑塞哥维那	波斯尼亚和塞哥维那咨询工程师协会
Botswana	Association of Consulting Engineers Botswana	博茨瓦纳	博茨瓦纳咨询工程师协会
Brazil	Associação Brasileira de Consultores de Engenharia	巴西	巴西工程顾问协会
Bulgaria	Bulgarian Association of Consulting Engineers and Architects	保加利亚	保加利亚咨询工程师和建筑师协会
Canada	Association of Consulting Engineering Companies l Canada	加拿大	加拿大咨询工程公司协会
Chile	Asociación de Empresas Consultoras de Ingeniería de Chile	智利	智利工程咨询公司协会
China	China National Association of Engineering Consultants	中国	中国工程咨询协会
China, Hong Kong	Association of Consulting Engineers of Hong Kong, China	中国香港特别行政区	中国香港咨询工程师协会
China, Taiwan	Chinese Association of Engineering Consultants	中国台湾地区	中国工程咨询协会

续表

\multicolumn{4}{c}{FIDIC（国际咨询工程师联合会）组织会员名单（中英文）}			
国家/地区（英文）	会员名称（英文）	国家/地区（英文）	会员名称（中文）
Colombia	Cámara Colombiana de la Infraestructura (CCI)	哥伦比亚	哥伦比亚基础设施协会（CCI）
Croatia	Association of Consulting Companies in Construction	克罗地亚	建筑咨询公司协会
Cyprus	Cyprus Association of Civil Engineers (CYACE)	塞浦路斯	塞浦路斯土木工程师协会（CYACE）
Czech Republic	Czech Association of Consulting Engineers	捷克共和国	捷克咨询工程师协会
Côte d'Ivoire	Chambre Nationale des Ingénieurs Conseils et Experts du Génie Civil	科特迪瓦	国立土木工程咨询与专家工程师协会
Denmark	Foreningen af Rådgivende Ingeniører	丹麦	咨询工程师协会
Dominican Republic	Asociacion de Ingenieria y consultoria Dominicana	多米尼加共和国	多米尼加共和国工程和咨询协会
Ecuador	Cámara Ecuatoriana de Consultores (CEC)	厄瓜多尔	厄瓜多尔顾问委员会（CEC）
Egypt	Egyptian Consulting Engineering Association	埃及	埃及咨询工程协会
Estonia	Estonian Association of Architectural and Consulting Engineering Companies	爱沙尼亚	爱沙尼亚建筑和咨询工程公司协会
Finland	Finnish Association of Consulting Firms	芬兰	芬兰咨询公司协会
France	SYNTEC Ingénierie / CINOV - Fédération des syndicats des métiers de la prestation intellectuelle du Conseil, de l'Ingénierie et du Numérique	法国	工程及数码服务局工会联合会
Georgia	Georgian Association of Consulting Engineers	格鲁吉亚	格鲁吉亚咨询工程师协会
Germany	Verband Beratender Ingenieure	德国	咨询工程师协会
Ghana	Ghana Consulting Engineers Association	加纳	加纳咨询工程师协会
Greece	Hellenic Association of Consulting Firms	希腊	希腊咨询公司协会
Hungary	Association of Hungarian Consulting Engineers and Architects	匈牙利	匈牙利咨询工程师和建筑师协会

国家/地区（英文）	FIDIC（国际咨询工程师联合会）组织会员名单（中英文）会员名称（英文）	国家/地区（中文）	会员名称（中文）
Iceland	Félag Rádgjafarverkfraedinga	冰岛	先行从业者协会
India	Consulting Engineers Association of India	印度	印度咨询工程师协会
Indonesia	The National Association of Indonesian Consultants	印度尼西亚	印尼顾问协会
Ireland	Association of Consulting Engineers of Ireland	爱尔兰	爱尔兰咨询工程师协会
Islamic Republic of Iran	Iranian Society of Consulting Engineers	伊朗	伊朗咨询工程师协会
Israel	Israeli Organization of Consulting Engineers and Architects	以色列	以色列咨询工程师和建筑师组织
Italy	Associazione delle Organizzazioni di Ingegneria, di Architettura e di Consulenza Tecnico Economica / Sindacato Nazionale Ingegneri e Architetti Liberi Professionisti Italiani	意大利	工程、建筑和技术经济咨询组织协会/意大利自由职业工程师和建筑师全国联盟
Japan	Engineering and Consulting Firms Association, Japan	日本	日本工程咨询公司协会
Jordan	Jordan Architects and Consulting Engineers Council	约旦	约旦建筑师和咨询工程师委员会
Kazakhstan	Kazakhstan National Association of Professional Engineers and Consultants	哈萨克斯坦	哈萨克斯坦全国专业工程师和顾问协会
Kenya	Association of Consulting Engineers of Kenya	肯尼亚	肯尼亚咨询工程师协会
Kuwait	Union of Kuwaiti Engineering Offices and Consultant Houses	科威特	科威特工程办公室和顾问联盟
Latvia	Latvian Association of Consulting Engineers	拉脱维亚	拉脱维亚咨询工程师协会
Lebanon	Lebanese Association of Consulting Engineers	黎巴嫩	黎巴嫩咨询工程师协会
Lithuania	Lithuanian Association of Consulting Companies	立陶宛	立陶宛咨询公司协会
Luxembourg	Ordre des Architectes et des Ingénieurs-conseils, d'Ingénierie et de Consultance	卢森堡	建筑师和咨询工程师协定

续表

国家/地区（英文）	会员名称（英文）	国家/地区（中文）	会员名称（中文）
Malawi	Association of Consulting Engineers of Malawi	马拉维	马拉维咨询工程师协会
Malaysia	Association of Consulting Engineers Malaysia	马来西亚	马来西亚咨询工程师协会
Mali	Ordre Ingenieurs Conseils Du Mali (OICM)	马里	马里工程师联合会（OICM）
Mauritius	Association of Consulting Engineers, Mauritius	毛里求斯	毛里求斯咨询工程师协会
Mexico	Cámara Nacional de Empresas de Consultoría de México	墨西哥	墨西哥全国咨询公司协会
Moldova	Association of Consulting Engineers in Republic of Moldova (ARMIC)	摩尔多瓦	摩尔多瓦共和国咨询工程师协会（ARMIC）
Mongolia	Mongolian Road Association	蒙古	蒙古路协会
Montenegro	Association of Consulting Engineers of Montenegro	黑山	黑山咨询工程师协会
Morocco	Fédération Marocaine du Conseil et de l'Ingénierie	摩洛哥	摩洛哥咨询和工程联合会
Mozambique	Associaçao de Empresas Moçambicanas de Consultoria (AEMC)	莫桑比克	澳大利亚顾问协会（AEMC）
Nepal	Society of Consulting Architectural and Engineering Firms, Nepal	尼泊尔	尼泊尔建筑和工程公司咨询协会
Netherlands	Nlengineers	荷兰	工程师协会
New Zealand	Association of Consulting Engineers New Zealand	新西兰	新西兰咨询工程师协会
Nigeria	Association for Consulting Engineering in Nigeria	尼日利亚	尼日利亚咨询工程协会
Norway	Rådgivende Ingeniorers Forening	挪威	咨询工程师协会
Pakistan	Association of Consulting Engineers Pakistan	巴基斯坦	巴基斯坦咨询工程师协会
Palestinian Territory, Occupied	Engineers Association	巴勒斯坦	工程师协会
Paraguay	Cámara Paraguaya de Consultores	巴拉圭	巴拉圭顾问协会

续表

国家/地区(英文)	FIDIC(国际咨询工程师联合会)组织会员名单(中英文) 会员名称(英文)	国家/地区(英文)	会员名称(中文)
Peru	Asociación Peruana de Consultoria (APC)	秘鲁	秘鲁咨询协会 APC)
Philippines	Council of Engineering Consultants of the Philippines	菲律宾	菲律宾工程顾问委员会
Poland	Stowarzyszenie Inzynierów Doradców i Rzeczoznawców (SIDIR)	波兰	工程师咨询与评估协会(SIDIR)
Portugal	Associação Portuguesa de Projectistas e Consultores	葡萄牙	葡萄牙设计师和顾问协会
Republic of Korea	Korea Engineering and Consulting Association	韩国	韩国工程咨询协会
Republic of Macedonia	Association of Consulting Engineers of Macedonia	马其顿共和国	马其顿咨询工程师协会
Romania	Romanian Association of Consulting Engineers	罗马尼亚	罗马尼亚咨询工程师协会
Russian Federation	National Association of Construction Engineering Consultants (NACEC)	俄罗斯	全国建筑工程顾问协会(NACEC)
Saudi Arabia	Saudi Council of Engineers	沙特阿拉伯	沙特工程师协会
Serbia	Association of Consulting Engineers in Serbia	塞尔维亚	塞尔维亚咨询工程师协会
Singapore	Association of Consulting Engineers Singapore	新加坡	新加坡咨询工程师协会
Slovakia	Slovak Association of Consulting Engineers	斯洛伐克	斯洛伐克咨询工程师协会
Slovenia	National Association of Consulting Engineers of Slovenia	斯洛文尼亚	斯洛文尼亚全国咨询工程师协会
South Africa	Consulting Engineers South Africa (CESA)	南非	南非咨询工程师(CESA)
Spain	Asociación española de empresas de Ingeniería, Consultoría y Servicios Tecnológicos (TECNIBERIA)	西班牙	西班牙工程、咨询和技术服务公司协会(TECNIBERIA)
Sri Lanka	Association of Consulting Engineers, Sri Lanka	斯里兰卡	斯里兰卡咨询工程师协会
Sudan	Sudanese Engineering and Architecture Consultancy Association	苏丹	苏丹工程和建筑咨询协会
Suriname	Orde van Raadgevende Ingenieurs in Suriname	苏里南	苏里南咨询工程师令

续表

国家/地区（英文）	FIDIC（国际咨询工程师联合会）组织会员名单（中英文）		
	会员名称（英文）	国家/地区（中文）	会员名称（中文）
Sweden	Innovationsföretagen—The Federation of Swedish Innovation Companies	瑞典	瑞典创新公司联合会
Switzerland	Union S 联合国教科文组织统计所 se des Sociétés d'Ingénieurs Conseils	瑞士	瑞士咨询工程公司联盟
Thailand	Consulting Engineers Association of Thailand (CEAT)	泰国	泰国咨询工程师协会（CEAT）
Trinidad and Tobago	Joint Consultative Council for the Construction Industry	特立尼达和多巴哥	建造业联合谘询委员会
Tunisia	Association Nationale des Bureaux d'Etudes et des Ingénieurs Conseils (ANBEIC)	突尼斯	全国设计办公室和咨询工程师和建筑师协会（ANBEIC）
Turkey	Association of Turkish Consulting Engineers and Architects	土耳其	土耳其咨询工程师和建筑师协会
Uganda	Uganda Association of Consulting Engineers	乌干达	乌干达咨询工程师协会
Ukraine	Association of Engineers-Consultants of Ukraine	乌克兰	工程师协会-乌克兰顾问
United Arab Emirates	Society of Engineers (SOE)	阿拉伯联合酋长国	工程师协会（SOE）
United Kingdom	Association for Consultancy and Engineering	英国	咨询和工程协会
United Republic of Tanzania	Association of Consulting Engineers Tanzania	坦桑尼亚联合共和国	坦桑尼亚咨询工程师协会
United States	American Council of Engineering Companies	美国	美国工程公司理事会
Viet Nam	Vietnam Engineering Consultant Association	越南	越南工程顾问协会
Zambia	Association of Consulting Engineers of Zambia	赞比亚	赞比亚咨询工程师协会
Zimbabwe	Zimbabwe Association of Consulting Engineers	津巴布韦	津巴布韦咨询工程师协会

附录 4　FEIAP 组织会员名单

FEIAP（亚太工程组织联合会）组织会员名单（中英文）

国家/地区（英文）	会员名称（英文）	国家/地区（中文）	会员名称（中文）
Australia	Engineers Australia	澳大利亚	澳大利亚工程师
China	China Association for Science and Technology	中国	中国科学技术协会
China Hong Kong	Hong Kong Institution of Engineers	中国香港特别行政区	香港工程师学会
Indonesia	The Institution of Engineers, Indonesia	印度尼西亚	印度尼西亚工程师学会
Japan	The Institution of Professional Engineers Japan	日本	日本专业工程师学会
Korean	Korean Professional Engineers Association	韩国	韩国专业工程师协会
Malaysia	The Institution of Engineers, Malaysia	马来西亚	马来西亚工程师学会
Papua New Guinea	The Institution of Engineers, Papua New Guinea	巴布亚新几内亚	巴布亚新几内亚工程师学会
Philippine	Philippine Technological Council	菲律宾	菲律宾技术委员会
Thailand	The Engineering Institute of Thailand	泰国	泰国工程学院
Mauritius	The Institution of Engineers, Mauritius	毛里求斯	毛里求斯工程师学会
Singapore	The Institution of Engineers, Singapore	新加坡	新加坡工程师学会
China Taiwan	Chinese Institute of Engineers, Chinese Taipei	中国台湾地区	中国台北工程师学会
Myanmar	Myanmar Engineering Council	缅甸	缅甸工程学会

续表

国家/地区（英文）	FEIAP（亚太工程组织联合会）组织会员名单（中英文）			
	会员名称（英文）	国家/地区（中文）	会员名称（中文）	
India	The Institution of Engineers, India	印度	印度工程师学会
Bangladesh	The Institution of Engineers, Bangladesh	孟加拉国	孟加拉国工程师学会
Pakistan	Pakistan Engineering Council	巴基斯坦	巴基斯坦工程委员会
Peru	The College of Engineers of Peru	秘鲁	秘鲁工程师学院
Timor Leste	National Association Engineers of Timor Leste	东帝汶	东帝汶国家协会工程师
America	American Association of Engineering Societies	美国	美国工程协会
Sri Lanka	The Institution of Engineers, Sri Lanka	斯里兰卡	斯里兰卡工程师学会
Nigeria	The Council for the Regulation of Engineering in Nigeria	尼日利亚	尼日利亚工程监管委员会
Netherlands	The Royal Netherlands Society of Engineers	荷兰	荷兰皇家工程师学会
Nepal	Nepal Engineers Association	尼泊尔	尼泊尔工程师协会
Rwanda	The Institution of Engineers, Rwanda	卢旺达	卢旺达工程师协会
Iraqi	Iraqi Engineers Union	伊拉克	伊拉克工程师联盟
Myanmar	Federation of Myanmar Engineering Societies	缅甸	缅甸工程学会
Malaysia	Technological Council of Malaysia	马来西亚	马来西亚技术委员会

后　记

本研究是在清华大学原校长顾秉林教授的主持下,在多位院士、专家的指导下完成的,包括中国工程院周济、朱高峰、王玉明等院士,教育部原副部长吴启迪教授,清华大学原校领导余寿文、袁驷教授等。

本研究由清华大学王孙禹教授担任执行负责人,乔伟峰博士协助执行负责人拟定了研究大纲和研究思路,并根据研究需要组织了专门的研究团队。本研究的主要执笔人包括乔伟峰、徐立辉、李晶晶、沈晔、陈会民、杨茗等老师,清华大学符杰在文献计量方面做了大量细致的工作。曾经在清华大学学习或工作过的郑娟(北京工业大学)、曾开富(北京化工大学)、范静波(对外经贸大学)、杨娟(北京农业大学)等老师深度参加了研究工作。在国际工程教育中心实习的研究生贾美娇(北京化工大学)、代丽(北京理工大学)、李丽华(北京理工大学)、侯延昭(北京理工大学)、李慧娟(北京化工大学)等同学在资料和数据搜集方面为研究做出了贡献。此外,国际工程教育中心研究助理李晶晶、朱盼老师为项目管理做了大量工作。

本研究在顾秉林院士的指导下,最后由王孙禹、钟周、符杰统稿。

衷心感谢王玉明院士(清华大学)、周济院士(清华大学)、南策文院士(清华大学)、王战军教授(北京理工大学)、马永红教授(北京航空航天大学)、何海燕教授(北京理工大学)、卢达溶教授(清华大学)、李曼丽教授(清华大学)、王晓阳教授(首都师范大学)、赵世奎研究员(北京航空航天大学)等在课题评审中提出的宝贵意见。衷心感谢清华大学"清华会讲"胡显章、史志钦等教授为本书出版提供的支持和帮助。

中国工程院办公厅樊新岩，教育办公室范桂梅，咨询办公室马守磊、刘剑等老师对项目的推进给予了大力支持。

在此一并衷心致谢！

"国际工程教育组织发展战略：趋势与前沿"课题组

2023 年 10 月改讫